KB014187

독한
세계사

이 도서의 국립중앙도서관 출판예정도서목록(CIP)은 서지정보유통지원시스템
홈페이지(http://seoji.nl.go.kr)와 국가자료공동목록시스템(http://www.nl.go.kr/kolisnet)에서
이용하실 수 있습니다. (CIP제어번호: CIP2020022572)

DOG

개 두한 세계사

이선필 지음

개를
사랑하는
이를 위한
작은 개의
위대한 역사

은행나무

차 례

동양편 - 이로운 개, 의로운 개

"이거 완전히 개판 5분 전이네…"

흔히 무질서하고 난잡한 상태를 이야기할 때 무의식중에 이렇게 이야기한다. 수십 마리의 개들이 이리 뛰고 저리 뛰어 정신이 하나도 없다 보면 이 말이 자연스럽게 떠오를 법도 하다. 하지만 알고 보면 개와는 전혀 상관없는 말이다. 사실은 이렇다. 한국전쟁 때 부산에 모인 피난민들을 위해 커다란 솥에 밥을 하고 배식을 위해 솥뚜껑을 열기 5분 전에 "개開판 5분 전!" 이렇게 소리쳤다고 한다. 그러면 사람들이 먼저 배식을 받기 위해 한꺼번에 배식대 주변으로 몰려들어 아수라장이 되었을 것이다. 이렇게 아수라장이 된 상황을 개판 5분 전이라고 부르니 사실 개와는 전혀 상관없는 것이다.

자신도 모르게 무질서하고 난잡함의 대명사가 되었으니 듣는 개로서는 참으로 억울한 일 아닌가? 그런데 개들이 억울한 것이 어디 이것뿐일까? '개새×', '개소리', '개차반', '개수작', '개무시'처럼 어디든 '개'라는 말만 붙이면 의미가 강조되면서 모두 부정적인 뜻이 되어버린다. '개나 소나' 혹은 '개죽음'같이 뭔가를 평가절하하기 위해 사용하기도 한다. 이처럼 우리는 무엇인가를 부정적으로 묘사하거나 평가절하할 때 '개'라는 동물에 비유해 사용한다.

"그래도 요즘엔 너희들 세상이 되었으니 그 정도쯤이야 좀 참을 수 있잖아?" 이렇게 위로라도 한다면 그들의 억울함이 좀 나아질까? 요즘은 정말로 '개판' 혹은 '개 세상'이 되었다. 오프라인은 물론이고 온라인에도 반려견들이 입고 먹는 상품들로 넘쳐나고, 공원에는 산책 나온 각양각색의 반려견들로 북적인다. 연어나 사슴고기 같은 고급 간식을 챙겨 먹고 미용실에서 정기적으로 미용도 한다. 또 어떤 아이들은 학교(애견 유치원)에 다니기도 하며 수영장 딸린 애견 호텔에서 애견 TV를 보며 며칠을 푹 쉬기도 한다. 산책할 때는 옛날처럼 목줄에 매여 힘들게 주인을 따라가지 않아도 된다. 반려견을 위해 특별히 개조된 럭셔리 유모차를 타고 아주 편안하게 유람(?)에 나서기도 한다. 한마디로 '개 팔자 상팔자'인 것이다.

사실 불과 몇 년 전까지만 해도 개들이 먹을 것이라곤 인간들이 먹다 남은 밥찌꺼기가 전부였다. 어쩌다 운이 좋아 살 한점 남아있지 않은 뼈다귀 하나라도 얻은 날이면 온 세상을 다 가진 것처럼 행복해했다. 스스로 주인이라 칭하는 인간들이 기분이라도 나쁘거나 술이라도 취해 들어오면 이유 없는 발길질을 온몸으로 받아내기도 했다. 마당 한구석에 마련된 허름한 집에 들어가 이것도 '운명'이라고 스스로 위로하며 분을 삭이지 않았을까? 그러면서도 날이 밝으면 지난밤의 억울함과 분은 잊고 문을 나서는 주인을 향해 꼬리를 살랑살랑 흔들었다. 아마도 우리 인간들의 정신 건강을 위해서였을 것이다. 지난밤 그렇게 발길질을 해댔으니 그 미안함이 오죽했으랴. 그들의 넉넉한 아량도 헤아리지 못하고 "참, 속도 없다" 이렇게 비웃지 않았던가?

과거에 비해 개들이 요즘 엄청난 신분 상승을 한 것은 사실이다. 아니, 신분 상승을 넘어 개들이 이제 당당히 이 사회의 주인공이 되고 있는 느낌이다. 백번 양보해 주인공은 아니더라도 조연 정도는 되지 않을까? 과거에 개들은 인간의 삶에서 있으면 쓸모 있지만 없어도 그만인 '엑스트라'에 불과했다. 그런데 요즘 점점 주연으로 스카우트되고 있는 느낌이다. 단지 인간이 개를 좋아해서 그런 건 아니다. 그들이 소외되고 외로워진 우리 인간들에게 위안과 평안을 줄 수 있다는 사실을 깨달은 것이다. 항상 우리 주위에 머물러 있었기에 그들의 '덕'을 애써 무시하고 지냈을 뿐이다.

이제 사람들은 여기저기서 열리는 애견박람회에 자신의 반려견을 데리고 다니면서 형형색색의 옷을 입혀보고 즐거워한다.

마치 사랑하는 가족의 옷을 고르는 것처럼 말이다. 이렇게 그들은 놀이의 대상에서 점점 삶의 동반자가 되어가고 있다. 그들을 지칭하는 말도 단순한 '개'에서 '애견'으로, 그리고 이제는 '반려견'으로 변했다. 심지어 '우리 애기'라는 호칭을 붙여도 누구 하나 어색해하지 않는다. 그들이 우리 인간 공동체의 일원이 되어가고 있는 느낌이다. 아니, 어쩌면 이제 곧 그들이 주인이 되는 세상이 올지도 모르겠다.

이렇게 소위 '개 세상'이 되면서 나타난 또 다른 현상이 있다. 그들이 '돈'이 될 수 있다는 사실을 발견한 것이다. 세계 반려동물 시장의 규모는 약 225조 원을 넘어섰다. 우리나라 반려동물 시장도 2조 원을 넘어섰다. 상황이 이러하니 대기업들도 앞다투어 관련 사업에 뛰어들고 있다. 게다가 반려견 지도사, 애견 목욕 관리사, 산책 도우미(도그 워커), 애견 장례지도사까지 이름마저 생소한 새로운 직업들이 속속 탄생하고 있다. 반려동물들이 본래의 역할인 안전과 위안뿐만 아니라, 이제는 우리 인간들에게 '먹거리'까지 제공해주고 있는 셈이다. 누군가 생각하는 그 '먹거리' 아니다. 오해하지 마시길….

그렇다면 우리는 그들에 대해 얼마나 알고 있을까? 그리고 그들을 대하는 우리의 태도, 즉 우리의 반려동물 문화는 어떨까? 인식이 변하고 산업이 성장하면 당연히 문화도 성숙해져야 한다. 하지만 여전히 많은 사람들이 고기를 먹거나 보양의 목적으로 개, 고양이들을 참혹하게 도살하고 있다. 한 해에 버려지는 개들이 자그마치 10만 마리가 넘는다. 게다가 돈벌이만을 목적으로 하는 강아지 공장들은 처참하게 열악한 위생환경 속에서 새끼들을 계속해서 강제로 생산해내고 있다. 끔찍한 학대의 대상이 된 동물들 이야기를 TV에서 보는 것은 이제 흔한 일상이 되었다.

반려동물 산업이 더 성장하면 좋다. 우리 인간들한테도 나쁠 거 하나 없지 않은가? 그런데 산업의 성장은 문화가 뒷받침될 때 건강한 법이다. 우리들은 급속한 산업화가 낳은 저급한 자본주의 문화를 이미 경험했다. 반려동물 산업도 마찬가지 아닐까? 하지만 산업만 너무 빨리 앞서가고 있는 것 같다. 하루가 멀다 하고 신기술을 접합한 반려동물 서비스가 등장하고 있다. 그럼에도 공원에는 여전히 목줄을 하지 않은 반려견들이 활보하고, 여기저기서 물림 사고가 발생한다. 아직도 반려견들의 분변 때문에 종종 싸움이 일어나기도 한다. 산업의 성장만큼 문화가 성장하지 않은 탓이다.

이렇게 산업이 비정상적으로 성장하면 반려동물들을 그저 돈벌이로, 물건으로, 장난감으로만 바라보는 저급한 반려동물 문화를 만들어낼 수 있다. 이미 그러한 위험이 곳곳에서 나타나고 있다. 농장에서는 주사기로 강제 임신을 시켜 좁은 철창 안에서 예쁜 상품이 나오기만을 기다리고, 예쁘게 치장된 애견숍에서는 젖도 떼지 않은 이제 막 핏기 가신 어린아이들을 진열장에 전시해놓고 손님을 기다린다. 그나마 운이 좋아 선택받은 친구들은 몇 달 동안 가족으로 불리다가 휴가철 이름 모를 도로 위에 홀로 남겨지기도 한다. 자기들 스스로 언니, 오빠, 엄마, 아빠라고 부르던 그 인간들에 의해서 말이다. 슬프지만 이게 지금 우리의 현실이다. 그들의 권리보다 우리 인간들의 권리만 강조되고 있는 느낌이다. 그야말로 '개 판 오 분 전' 반려동물 문화이다.

누구의 책임일까? 그들에게 '반려'라는 이름을 붙여주면서도 실제로는 가슴으로 받아들이지 못하고 여전히 물건으로 취급하는 우리 인간들의 책임은 아닐까? 왜냐고? 그들의 삶을 결정짓고 있는 것이 바로 우리 인간들이니까 말이다. 우리들은 그들을 너무도 모르면서 자신들이 원하는 대로 그들이 살아가기를 원하고 또 그렇게 이용해왔다. 그들은 항상 우리 인간들 주변에 머물면서 '베스트 프렌드'였다. 그런데 우리 인간들이 아는 것이라곤 그들을 훈련시켜 강제로 복종하게 하고, 그저 돈벌이에 이용할 수 있는 방법들뿐만이 아니었을까? 우리들이 진정으로 그들을 사랑한다면 오히려 그들이 우리 인간들과 어떻게 관계 맺으며 살아왔고, 그들과 우리의 존재는 서로에게 어떤 의미인지 먼저 알아야 하지 않을까? 그래야 진정으로 그들을 이해할 수 있으니까 말이다. 그들의 삶도 모르면서 훈련시켜 그저 우리들의 말을 잘 듣게 한다고 해서 그들을 잘 이해하는 것일까? 이 또한 지극히 인간중심주의적 생각이 아닐까?

　　이 책은 그동안 그들이 세계 각지에서 우리 인간들과 어떤 관계 속에서 살아왔는지를 이야기하려 한다. 그들은 어떤 지역에서는 때때로 썩 괜찮은 대우를 받기도 했다. 신처럼 숭배받는 대상이기도 했다. 때로는 어둠 속에서 학대당하고 희생당하면서 살아왔다. 이렇게 그들이 인간과 부대끼며 살아온 삶을 이야기해보려 한다. 그들의 삶을 알아야 비로소 그들을 조금 더 이해할 수 있을 테니까 말이다.

　　이 책에서는 그들의 행복했던 이야기만 담고 있지는 않다. 사실 행복한 삶보다는 불행한 역사를 더 오래 살아왔기 때문이다. 읽는 사람에 따라서는 다소 불편할 수도 있겠지만 개고기 이야기도 들어 있다. 이는 인간이 수천 년 전부터 개고기를 먹어왔고, 반려견과 식용견은 분명히 다르다는 개고기 옹호론자들의 궁색한 주장에 힘을 실어주기 위한 의도가 절대 아니다. 그들의 '변명'에 이 책이 이용당하지 않기를 바랄 뿐이다. 오히려 그들의 불행했던 이야기를 가감 없이 들려줌으로써 그들을 조금이라도 더 이해하고, 자랑스럽지 않은 전통을 이제는 조금씩 바꿔갔으면 하는 바람 때문이다. 문화라는 것은 영원불변의 것이 아니기에 시대에 따라 얼마든지 변할 수 있는 것 아닌가? 시대적 상황이 그러했으니 이해할 수 있고 부끄러워할 것은 없다. 하지만 그다지 자랑스러울 것 없는 전통을 굳이 문화라 항변하며 지킬 이유는 없지 않을까?

　　이 책이 우리 인간과 개들이 함께 살아왔던 삶을 되돌아볼
수 있는 무대를 열어주는 진정한 '개판開板 오 분 전'이 되기를 바
란다.

서양편

신들의 개, 신이 된 개

일러두기

• 책은 《 》, 영화와 그림 및 예술 작품은 〈 〉로 표기하였습니다.
• 이 책에 나오는 인명, 지명을 비롯한 고유명사의 표기는 국립국어원 외래어 표기 법 규정을 따랐습니다. 다만, 이미 굳어진 외래어, 한국어 화자 대부분이 관용적 으로 사용하는 외래어 표기는 표기법 규정에 어긋나더라도 관용을 존중해 관용 대로 표기하였습니다.

개 목걸이를 한 인류, 최초의 애견인

메소포타미아

개의 삶은 짧다. 그것만이 개의 유일한 단점이다.

– 아그네스 슬라이 턴불

지금으로부터 약 6000여 년 전 어느 날 메소포타미아 지역의 조 그만 도시 이신^{Isin}의 주민들은 삼삼오오 모여 어디론가 향했다. 잠시 후 그들이 도착한 곳은 치유의 여신인 니니시나^{Ninisina}를 숭배 하는 '에-우르-기-라^{é-ur-gi-ra}' 사원이었다. 사원으로 들어가는 입 구 양옆에는 수많은 개 조각상들이 놓여 있었고, 안쪽에는 살아 있는 여러 마리의 개들이 자유롭게 돌아다니고 있었다. 제사장들 은 개들이 환자들의 상처를 혀로 핥을 수 있도록 인도했다. 근처 에는 여기저기 개 무덤들이 공동묘지처럼 흩어져 있었다. 사원에 모인 사람들은 한가운데 우뚝 서 있는 니니시나 여신 앞에 무릎을 꿇고 앉아 두 손을 받쳐 들고 끝도 없이 주문을 외웠다.

"무서운 개, 무서운 개, 무서운 개, 무서운 개... "

제사를 마친 사람들은 각자 집에 돌아가 진흙으로 개 모양의 작은 토우를 만들었다. 그리고는 그것들을 제단에 올려놓고 조각상에 사나운 영혼을 불어넣기라도 하듯이 '무서운 개' 주문을 또다시 반복해 읊조렸다. 의식이 끝난 후 조각상들을 집의 현관 입구나 복도 아래에 묻고 일부는 조그만 상자에 넣어 방 한구석에 두고 나서야 의식을 마치고 일상으로 돌아왔다.

고대 메소포타미아 사람들은 액운을 쫓아내기 위해 주술 의식을 주기적으로 행했다. 일종의 액막이 의식이었다. 이런 의식은 개, 용, 돼지, 호랑이, 소 등 대상만 다를 뿐 고대 세계 어디에나 존재했다. 들짐승이나 자연재해로부터 예기치 않은 위험에 항상 노출되어 있었던 고대인들에게 유일한 위안이었을 게다. 우리는 이 액막이 의식을 통해 고대 메소포타미아 사람들이 개를 어떻게 생각했고, 개와 인간이 어떤 관계 속에 있었는지를 짐작할 수 있다. 결론부터 이야기하면 당시 사람들은 개를 토테미즘의 대상으로, 불운이나 불행으로부터 인간을 보호해주는 좋은 동물로 생각하고 있었다.

19세기 후반에 와서야 세상에 알려진 메소포타미아문명은 이집트문명보다 훨씬 앞선 인류 최초의 문명이다. 그 황량한 사막에 무슨 문명일까도 싶지만 7~8000년 전의 이 지역은 숲이 우거지고 땅도 비옥해 지금과는 확연히 다른 지역이었다. 이 지역에 살왔던 사람들은 밀을 경작하면서 맥주를 만들어 마시고 쐐기문자를 사용해 '눈에는 눈 이에는 이'로 유명한 함무라비 법전을 만들어 왕국을 통치했다. 세상 어디에도 없었던 최초의 문명국가였다. 메소포타미아문명을 열었던 수메르인들에 대해서는 그들이 어디서 왔는지, 어떤 사람들이었는지 조차 아직 밝혀진 것이 없지만 그들이 인류 최초로 문명을 일군 것은 분명해 보인다. 최근 터키 남부의 궤베클리 테페 Göbekli Tepe 에서 새로운 문명의 흔적이 발견되면서 연구 결과에 따라 고대사를 새로 써야 할지도 모르지만 말이다.

인류 최초의 애견인이 남긴 유물

어쨌든 메소포타미아인들은 또 다른 분야에서 인류 최초였다. 그것은 그들이 인류 최초의 애견인이었다는 점이다. 개들에게 목줄을 해주기 시작한 것도 그들이었다. 수메르 시대 이후로 메소포타미아 도시들에는 목줄을 한 개들이 자유로이 돌아다녔다고 한다. 가죽으로 된 목줄에는 개의 이름이나 주인의 이름이 새겨져 있었고, 개들은 오늘날처럼 주로 집안에 살면서 상당히 좋은 대우를 받았던 것으로 보인다. 양치기 주인의 플루트 연주를 듣고 있는 개의 모습이 묘사된 유물도 발견되었는데, 이는 그들이 개를

고대 메소포타미아 유적에서 발굴된 토우　　　　목줄을 한 개 조각상

반려동물로도 생각했다는 것을 의미하는 게 아닐까?

　많은 고대 문명이 동물을 숭배하는 토테미즘을 가지고 있었지만 메소포타미아 지역의 님루드^{Nimrud} 나 니네베^{Nineveh} 에서는 유독 개와 관련된 유물들이 많이 출토되었다. 수많은 작은 개 토우들뿐만 아니라 실린더 실이라고 부르는 인장에 종종 주인 옆에 앉아 있는 살루키^{saluki¹}의 모습이 조각되어 있다. 또한 우르크^{Uruk} 에서는 금으로 된 살루키 목걸이 펜던트도 발견되었으며 거대한 마스티프 모습을 닮은 커다란 조각상들도 발견되었다. 이 거대한 마스티프가 아마 그들이 외웠던 주문 속의 '무서운 개'였을 것이다.

　그렇다면 메소포타미아에서는 왜 이렇게 개와 관련된 수많은 유물들이 발견되었고, 그들은 왜 인류 최초의 애견인이 되었을까?

---

1 가늘고 긴 체형을 가진 그레이하운드의 원형

살루키 목걸이 펜던트 마스티프가 새겨진 부조

단순히 사냥 때문만은 아니었을 것이다. 밀과 보리를 경작했기에 사냥개가 생계를 위해 절대적으로 필요하진 않았다. 물론 메소포타미아 지역이 사방으로 개방되어 있어서 경계를 위해 개가 중요했을 수 있다. 하지만 이 하나로 출토된 수많은 개 관련 유물들을 모두 설명하기는 어렵다. 아마도 다른 이유가 있었음에 틀림없다.

무서운 개이자 특별한 수호자

당시 개는 광견병과 같은 병을 전파할 수 있다는 부정적인 이미지도 가지고 있었다. 수메르인들은 광견병에 걸린 개는 신이 인간을 벌주기 위해 보낸 악령이라고 믿었다. 의약 기술이 발달하지 못했으니 분명 많은 개들이 광견병에 걸렸을 것이고, 개가 무섭다는 이미지는 아마도 여기서 출발한 것이 아닐까 싶다.

그런데 '무서운 개'라는 의미 속에 무섭기 때문에 인간을 보호해 줄 것이라는 기대도 생겨났다. 사람이 느끼지 못하는 아주 작은 움직임에도 컹컹 짖어 인간을 보호해주는 특별한 능력이 있으니 사악한 악령으로부터도 지켜줄 수 있을 거라 믿었다. 수메르인들이 '개들의 집'이라는 사원에 가서 '무서운 개' 주문을 외웠던 것은 이 특별한 수호자에게 비는 염원이었던 것이다.

수호자의 이미지는 곧 불운을 쫓아주는 마스코트 혹은 부적과도 연결되었다. 님루드나 니네베 등지에서 발견된 유물에 따르면 함무라비 통치 시절(기원전 1792~1750년) 바빌로니아 사람들은 위에서 이야기한 것처럼 진흙이나 청동으로 개 모양을 만들었다. 그리고 '무서운 개' 주문을 통해 영혼을 일깨우는 의식을 행한 후 초자연적인 힘을 막기 위해 건물 안에 들여놓곤 했다. 개를 악령이나 불운으로부터 자신을 지켜주는 부적으로 생각했던 것이다. 인류학자 조앤 라인Joan Lines은 이 조형물들이 마루 아래나 계단 아래 묻혔다는 사실을 통해 이것들이 일종의 부적이었다고 주장했다. 바빌로니아 문명을 계승한 철기시대(기원전 1200~600년)의 아시리아 사람들 역시 개 모양의 토우나 조각상을 부적으로 이용했다. 진흙이나 상아 조각, 혹은 청동으로 만들어진 작은 개 조각상은 공통적으로 집으로 들어가는 문 입구나 복도 아래에 묻혔다. 신전으로 향하는 길 아래나 길가에 묻혀 있기도 했다. 이렇듯 개 조각상을 복도나 문지방에 두는 행위는 액운이나 불운으로부터 가정의 안녕을 바라는 염원이었다.

지구라트 위에 올려진 개 조각상들

개 조각품은 또한 고대 메소포타미아의 주술적 보호 개념을 이해하는 데 중요하다. 고대 메소포타미아 사람들은 혼돈의 힘에 대항하기 위해 신과 협력해야 하고, 신은 사람들의 삶에 필요한 모든 것을 준다고 믿었다. 신과 협력한다는 것은 호신을 위한 부적이나 호신물 그리고 의식 절차 등을 발전시키는 것이었다. 지구라트 Ziggurat 라고 하는 거대한 제단을 만든 것도 바로 이 때문이다. 어쩌면 바벨탑일지 모르는 이 지역에서 발견된 지구라트는 이집트의 피라미드와 그 모양은 비슷하지만 무덤이 아닌 단순한 신전이었다. 신에게 더 풍요롭고 행복한 삶을 비는 장소였다. 따라서 개조각상을 만들고 주술 의식을 행하는 것은 바로 신을 돕는 협력의 행위 중 하나였다. 왜냐하면 그들은 살아 있는 동안의 행위 하나하나가 신의 심판을 받는다고 믿었기 때문이다.

소설가 애거서 크리스티의 남편이었던 인류학자 맥스 말로완 Max Mallowan 은 님루드의 한 가옥 안에서 개 조각상이 든 주술 상자 하나를 발견했는데, 이 상자는 방의 네 귀퉁이나 침대가 놓이

지구라트

는 장소에 위치했을 것이라고 주장했다. 상자에는 사악한 영령과 악령으로부터 보호하기 위한 부적이 새겨져 있었다. 결국 집의 출입구 아래에 묻힌 개 조각상들은 초자연적인 위험으로부터 주인을 지켜주는 제1 방어선이었고, 집 안에 놓인 부적의 기능을 하는 상자는 안락함과 위안을 제공해주는 제2 방어선이었던 셈이다.

　이러한 보호자로서 개의 이미지는 이 지역의 여신인 니니시나와 관계가 깊다. 니니시나는 사랑, 미, 전쟁, 다산, 정의의 여신으로 이슈타르, 이난나, 굴라, 바우, 닌티누가, 님딘둑 등 시대와 부족에 따라 각기 이름을 달리하면서 숭배되었다. 그리스-로마신화의 비너스나 아르테미스와 유사한 존재인 것이다. 이름이 이렇게 다양한 것은 수메르 문명을 차례로 계승한 셈계의 아카드인, 바빌로니아인, 아시리아인들이 자신들의 고유 신과 수메르의 신을 결합시키면서 나타난 결과이다. 어쨌든 그들은 모두 동일한 여신이지만 시대에 따라 능력이 추가되거나 사라지기도 했다.

치유하는 개와 여신의 상관 관계

니니시나는 치료의 여신이었다. 그녀는 항상 가죽끈으로 묶인 일곱 마리의 개를 데리고 다녔다. 신화에서 동물을 동반하는 신들은 흔히 그 동물이 가진 능력을 가지고 있다고 믿었기 때문에 종종 그 동물의 모습으로 표현되기도 한다. 이슈타르 역시 마찬가지였다. 그녀는 이신이라는 도시의 수호자이자 치유의 여신이었다. 간혹 개의 머리를 한 여인으로 표현되기도 했다. 니니시나와 이슈타르가 모두 수호의 여신이자 치유의 여신으로 숭배된 것은 개의 보호 기능과 개의 침이 상처를 치유하는 능력을 가지고 있다고 믿었기 때문이다. 개가 자신의 상처를 혀로 핥으면서 스스로를 치유하는 것처럼 말이다.

메소포타미아인들이 개만을 숭배한 것은 아니다. 그들은 말과 갈라진 혀를 가진 용, 사자, 소도 신성시했다. 특히 이슈타르 여신의 경우 사자나 개와 함께 묘사되기도 했다. 원시종교에서 나타나는 동물숭배는 사실 동물 자체를 숭배하는 것이 아니었다. 그들에

왼쪽 위부터 이슈타르, 이난나,
왼쪽 아래부터 굴라와 그의 개, 니니시나에게 바쳐진 개 조각상

게 동물은 곧 신의 또 다른 모습이기 때문에 결론적으로는 동물의
형상을 한 신을 숭배하는 것이다.

남겨진 유물 한 점 없는 고양이

고대 메소포타미아인들이 많은 동물을 숭배했지만 고양이는
별로 좋아하지 않았던 것 같다. 고양이는 이집트에서 가장 먼저
가축화된 동물로 알려져 있다. 기원전 1700년 경 식량과 물고기
를 지키기 위해 배에 실은 고양이가 그리스나 메소포타미아 지역
에 전파되었다는 주장이 일반적이다. 하지만 고고학자들에 따르
면 이집트에서의 가축화된 시기보다 훨씬 앞선 기원전 1만 2천 년
경에 이 지역에서 야생 들고양이가 가축화되었다고 한다. 즉, 개,
양, 염소가 가축화되던 시기와 거의 유사한 시기에 고양이도 가축
화되었다는 것이다. 이 고양이는 오늘날의 집고양이와 매우 유사
한데 곡물을 지키기 위해 메소포타미아 지역의 농부들에 의해 가
축화되었다고 보면 된다. 하지만 고대 메소포타미아 시대의 고양
이에 관해서는 전해져 내려오는 이야기나 유물이 거의 없다. 남겨
진 유물이 없다는 것은 그들이 고양이의 유용성을 발견하지 못했
기에 특별한 동물로 생각하지 않았던 것이 아닐까?

개 뼈와 함께 묻힌 노인의 사연

이스라엘

개가 우리 인생의 전부는 아니지만, 우리 삶의 전부를 만들어준다.
ㅡ 로저 카라스

"어차피 대중들은 개, 돼지입니다.

뭐하러 개, 돼지한테 신경을 쓰고 그러십니까.

적당히 짖어대다 알아서 조용해질 겁니다."

영화 〈내부자들〉에서 언론사 논설위원인 이강희(백윤식 분)가
기업 총수인 오회장에게 조언하는 대사이다. 바로 옆에서 듣는 것
같은 너무나도 리얼한 연기였다. 그리고 얼마 후 어느 몰지각한
엘리트 공무원이 이 대사를 인용했다. 아니 실제로 그렇게 생각하
기 때문에 한 말인지도 모르겠다. 잘 알다시피 '개, 돼지'란 낮은
지위의 사람을 지능이 떨어지는 동물에 빗대서 하는 말이다. 경멸

적인 의미를 강하게 내포하고 있는 것은 물론이다. 개를 낮은 지위와 연결시키는 언어적 습관은 지역을 막론하고 같았다. 고대 이스라엘 법정에서는 다음과 같은 말이 자주 사용되었다고 한다.

"Your Servant Dog"

이 말은 자신보다 높은 지위의 사람에게 자신을 낮춰 이르는 말로 사용되곤 했다. 직역한다면 "당신의 개 같은 종복" 정도 되지 않을까?

오늘날의 이스라엘은 사실 반려견들의 천국이다. 요즘 우리나라에서도 유행하는 애견 TV를 처음 선보인 곳도 이스라엘이니 그들이 얼마나 개를 좋아하는지 알 수 있다.

하지만 성서 시대의 이스라엘 사람들은 개에 대해서 현재와는 판이하게 다른 생각을 가지고 있었다. 거의 모든 중동 국가들에서 개는 부정적인 이미지와 긍정적인 이미지를 동시에 가지고 있었지만 다양한 의미로 사용되는 경우가 많았다. 그러나 성서 시대의 이스라엘에서는 분명 부정적인 이미지가 더 강했고, 목동견을 제외하고는 개의 사용이 제한적이었다. 이스라엘 북부의 아인 말라하[Ain Mallaha] 지역의 나투피안[Natufian][1] 무덤에서는 기원전 1만 2천 년경 것으로 추정되는 강아지를 껴안고 죽은 노인의 유골이 발견되

---

[1] 나투피안 혹은 나투프인이라고 불리는 이들은 기원전 약 1만 4500년 전에 시작된 나투프 문화를 일군 고대인이다.

었다. 강아지를 껴안고 묻혔다는 것은 노인이 평소에 강아지를 반려견으로 무척 사랑했다는 의미가 아닐까? 하지만 나투피안 무덤의 강아지는 고대의 이스라엘과는 전혀 관련이 없는 이야기일지도 모른다. 단지 이 지역에서도 1만 4천 년 전에 이미 개의 가축화가 이루어져 있었다는 것을 보여줄 뿐이다.

더럽고 사나운 동물일 뿐이라고?

고대 이스라엘 사람들이 오늘날의 이스라엘 지역에 살기 시작한 것은 기원전 2000년대 후반부터였다. 그 이전에 살았던 가나안 사람들은 주변의 이집트, 페니키아, 메소포타미아문명 등의 영향을 받았기 때문에 개와 관련된 문화 역시 주변국들의 문화가 혼재되어 있었다. 예를 들어 일부 가나안인들은 메소포타미아문명에서 그랬던 것처럼 개를 숭배하는 문화를 가지고 있기도 했다.

그러나 기원전 2000년을 전후로 고대 이스라엘 공동체에서 개는 부정적인 동물이었다. 이러한 부정적 태도는 구약성경에 나오는 개에 대한 언급 때문이었을 것이다. 욥기 제3장 1절의 "나의 양 떼를 지키는 개"라는 구절처럼 긍정적인 의미에서 개가 언급된 내용은 별로 없다. 하지만 부정적인 구절은 수없이 많이 나온다. 잠언 26장 26절에서 개는 호의를 보이는 사람을 언제든 공격

할 수 있는 위험한 동물로 묘사된다. 열왕기에서 개는 피와 죽은 고기를 좋아하고(14장, 16장, 21장 등), 시편에서는 밤에 도시를 떠돌아다니며 울부짖는(59장) 더럽고 사나운 동물로 묘사된다.

성경에 나타난 이러한 부정적 이미지 때문에 고대 이스라엘 사회에서 '개'라는 단어는 종종 경멸적이거나 모욕적인 의미로 사용되었다. 종종 어떤 사람의 낮은 지위를 의미하기도 했다. 앞에서 이야기한 것처럼 당시 법정에서 자신보다 높은 지위의 사람을 부를 때, '당신의 종복'이라는 말 뒤에 '개'라는 말을 붙여 'Your servant dog'이라고 하면 상대방을 매우 높여 부르는 말이 되었다. 자신을 한없이 낮춰서 상대방을 존중한다는 의미이다. 이것은 개의 엎드린 모습, 즉 복종하는 모습으로부터 유래한 언어적 표현이다.

신명기 23장 18절에는 "창기가 번 돈이나 개의 소득은 여호와께 드리는 예배 헌금으로 가져오지 말라"고 적혀 있다. 여기서 '개'는 남성 창기를 의미한다. 이 또한 개의 엎드린 모습을 빗대어서 그렇게 불렀을 것이다. 당시 동성애가 많았다고는 하지만 이 또한 하나님의 뜻에 어긋나는 것이니 당시 동성애자는 한 없이 멸시받았을 것이다. 그렇게 멸시받는 자가 매춘으로 번 돈을 헌금으로 받는 일은 당연히 불가능했을 것이다.

동물이 끼어들 틈 없는 사후 세계

성서 시대 이스라엘의 개에 대한 부정적 태도는 그들의 종교관 및 내세관과도 관계가 있다. 고대 세계에서 동물들은 흔히 수호신 혹은 내세관과 연결되곤 한다. 사원이나 무덤 등에 세워진 동물 혹은 인간의 머리를 한 동물(혹은 동물의 머리를 한 인간)들의 모습을 상상해보라. 특히 이집트, 그리스, 메소포타미아, 페르시아, 유럽 등 지역에서 개는 사후 세계와 연관되면서 인간과 긴밀히 연결된 동물이었다. 고대 중국이나 남미의 고대 아즈텍 문명에서도 그랬다. 과거나 현재나 죽음은 항상 두려운 현실이다. 특히 곳곳에 위험이 도사리고 있었던 고대 세계에서는 더욱 그러했을 것이다. 그러니 살아 있는 동안 인간과 가장 가까운 동물을 죽음 이후의 세계와 연결시킴으로써 죽음에 대한 두려움을 극복하려던 했던 것일지도 모른다.

하지만 고대 이스라엘의 내세관은 좀 달랐다. 고대 이스라엘 초기에는 조상들을 신으로 섬겼고, 죽음 이후에는 조상들이 있는 곳으로 간다고 믿었다. 이른바 '저승'은 심판받는 곳이 아니라 죽은 이들의 세계였기에 죽음은 조상들을 만나러 가는 여정이었다. 단지 자신이 살아가는 장소가 바뀔 뿐이었다. 이러니 죽음에 그렇게 큰 의미를 부여하지 않을 수밖에 없다. 이후에는 점차 야훼 숭배로 변해가면서 내세보다는 현세를 중시하는 종교로 변해갔다. 따라서 유대교에는 이른바 이집트의 아누비스 같은 '심판자'로써 혹은 동양 윤회사상의 대상으로써 동물이 끼어들 틈이 없었다.

개 역시 마찬가지였을 것이다. 초기 유대인들에게 개는 성경에서처럼 그저 들판을 돌아다니며 죽은 시체나 뜯어먹고 밤에는 여기저기서 짖어대는 야생동물 혹은 유해동물이었던 것이다. 양 떼를 지키는 것 외에는 특별히 유용성을 발견하기 어려웠을 게다. 게다가 이집트에서 자신들은 중요하게 생각하지도 않는 사후 세계를 위한 피라미드를 만들기 위해 채찍을 맞아가며 그렇게 고된 노동을 견뎌야 했으니 아누비스가 상징하는 개와 같은 동물이 좋게 보일 리 없지 않은가? 그들에게는 하루하루 살아가는 현세가 더 중요했다. 죽음은 하나님의 뜻에 따른 것이니 각종 동물을 숭배하는 것은 그들이 보기에 호강에 초치는 미친 짓이었을 게다. 또한 기원전 6세기 이후에는 유대민족이 바빌론으로 끌려가 수십 년 동안 비참한 삶을 살았으니 바빌로니아인들의 개 숭배 문화가 좋게 보였을 리 만무하다. 마지막으로 고대 이스라엘인들에게 있어서 개 숭배와 같은 이교도적 숭배 의식은 받아들이기 힘든 미신이었을 것이다.

개에 대한 긍정적 이미지가 강조되기 시작한 것은 탈무드 시대와 랍비 시대인 기원후 1세기 이후였다. 하지만 이것은 유대교 자체의 변화에 의한 것이 아니다. 이 시기 이후 고대 이스라엘의 부정적 인식이 변한 것은 개를 끔찍이도 좋아했던 페르시아의 지배와 헬레니즘 시대를 거치면서부터였다.

동물 복지의 나라, 개들의 천국

페르시아

개는 자신을 사랑하는 것보다 훨씬 더 당신을 사랑하는 유일한 동물이다.
- 조쉬 빌링스

"향후 공원에서 반려견을 산책시키거나 차에 태우고 운전하는 행위를 금지한다. 이를 어길 경우 엄중한 처벌을 부과한다."

2019년 1월 이란 경찰 당국이 발표한 성명 내용이다. 시대의 흐름에 따라서 이란에서도 반려견을 키우는 사람이 늘어나고 있지만 앞으로 이란 사람들은 집안에서만 반려견을 키울 수 있다. 이란 정부는 사실 이전에도 이와 유사한 조치를 취한 적이 있다. 1979년 이슬람 혁명 이후 반려동물을 키우는 것은 계속해서 사회문제였다. 견주들은 심지어 반려견을 빼앗기기도 했다. 2010년에는 미디어에서 반려동물 관련 제품 광고를 아예 금지해버렸다. 2014년에도 보수주의 의원들은 반려견을 산책시킬 경우 태형(곤

장) 74대와 3000달러의 벌금을 부과하는 법안을 발의했으나 부결된 적이 있다.

오늘날 이란은 엄격한 반려동물 정책을 펴고 있다. 경찰 당국이 내세운 공식적인 이유는 '행인들에게 두려움과 불안을 안겨준다'는 것이다. 하지만 이러한 공식적 이유보다는 종교적 이유가 더 강한 것 같다. 원리주의자들이 추종하는 이슬람 경전인 코란에서 마호메트는 "개와 원숭이는 여성과 아이들에게 좋지 않은 영향을 준다. 만약 이들 동물의 타액이 묻을 경우 물로 씻어내야 한다"고 부정적으로 묘사하였다. 그러나 이란 당국이 취한 정책의 이면에는 또 다른 이유도 있다. 반서방주의로 무장한 이란 원리주의 정부는 자칫 반려동물 문화가 서방 문화의 확산을 가져올 수 있다는 점을 우려하고 있는 것이다.

고대 이란, 즉 페르시아 제국은 지금과는 정반대의 반려동물 정책을 펼쳤다. 페르시아 제국은 기원전 550년부터 1979년 팔레비 왕조의 몰락까지를 의미하지만, 지금 여기서 이야기하고 있는 페르시아는 650년 이 지역이 이슬람화되기 이전까지의 페르시아, 즉 메소포타미아문명의 마지막을 장식했던 진정한 의미의 페르시아 제국이다. 조로아스터교를 기반으로 한 페르시아 제국은 사실 당시까지만 해도 매우 선진적인 문명권이었고, 개방적이고 관용적인 국가였다.

개를 위해 지켜야 할 여섯 가지 규칙

개방적이고 관용적인 국가였던 페르시아는 개에 관해서도 포용적이었다. 아니, 고대 페르시아는 개들에게 있어서는 천국과 같은 곳이었다. 오늘날의 의미에서 보면 이른바 동물복지 개념까지 존재했던 지역이었다. 당시의 국교였던 조로아스터교 경전인 아베스타^{Avesta}는 개와 관련해 다음과 같이 세세하게 규정하고 있다.

1. 집 근처에 임신한 개가 있으면 새끼가 태어나 홀로 자랄 수 있을 때까지 6개월 동안 잘 보살펴 주어야 한다. 만약 돌보지 않아 개가 죽게 될 경우 살인 행위로 처벌받는다.
2. 개에게 주기적으로 고기와 우유 및 기름진 음식을 제공해야 한다.
3. 개에게 너무 딱딱한 뼈를 주거나 너무 뜨거운 음식을 주어 목을 다치게 하면 처벌받는다.
4. 사람들이 음식을 먹을 때는 세 입 분량의 음식을 반드시 남겨 개에게 주어야 한다.
5. 누구든 개를 죽이는 자는 500~1000회의 채찍형에 처한다.
6. 개에게 좋지 않은 음식을 주는 자에게는 개의 견종과 지위에 따라 50~200회의 채찍형에 처한다.

어떤가? 오늘날에 비해서도 전혀 손색없는 정책 아닌가? 만약 오늘날 이 정도의 정책을 실행한다면 길거리의 유기견이나 모든 유형의 반려견 학대는 완전히 사라질지 모르겠다.

조로아스터교에 따르면 개는 사악한 영혼의 창조물인 늑대로부터 인간을 보호하기 위해 원시 황소의 정액에서 탄생했다고 한다. 개가 늑대로부터 진화한 것이라는 오늘날의 증거와는 정반대의 이야기지만 말이다. 어쨌든 조로아스터교에서는 다른 동물들과는 다르게 개를 조금은 특별하게 대우했다. 그 이유가 무엇이었을까? 아마도 조로아스터교가 가지는 종교관 및 사후 세계관 때문이었을 것이다. 조로아스터교는 《차라투스투라는 이렇게 말했다》로 유명한 차라투스투라(조로아스터)가 창시한 종교로 불을 숭배하는 종교로 알려져 있다. 차라투스투라는 아후라 마즈다Ahura Mazda가 지배하는 세상을 선과 악으로 구분하고, 선한 생각과 선한 행동을 통해 행복을 달성할 수 있다고 설파했다. 선한 생각과 행동은 비단 인간에 대한 태도만을 의미하는 것이 아니다. 모든 생명체에 대해서도 선한 행동이 강조되었다. 그러니 동물에 대한 대우가 좋을 수밖에 없었다.

개의 영혼 3분의 1이 인간의 것이라니

과거 페르시아 사람들은 동물 중에서도 개를 특히 더 잘 보살펴야 하는 동물로 여겼다. 왜 그랬을까? 이것은 아마도 개가 인간에게 특별한 의미를 주는 동물이라고 생각했기 때문이지 않을까. 오늘날의 이란에는 '삭sag'이라는 이름을 가진 개들이 많다고 한다. '삭'은 고대 페르시아어로 3분의 1을 의미하는 단어인데, 개라는 의미 역시 가지고 있었다. 이렇게 3분의 1이 개라는 의미로 사용된 것은 개의 영혼의 3분의 1은 인간이라는 페르시아인들의 사고에서 나온 것이다. 33.3퍼센트의 영혼이 인간이라면 개는 인간과 영적으로 교류할 수 있는 가장 가까운 동물이라는 이야기가 된다. 반려견을 키우는 사람이라면 분명 동의할 수밖에 없을 게다. 어쩌면 그렇게 내 마음을 잘 아는지 꼭 내 머릿속에 들어앉아 있는 것처럼 느낄 때가 한두 번이 아니기 때문이다.

한편 개는 깨끗하고 정의로운 동물로 가정에서 주인의 재산을 지켜줄 뿐만 아니라, 악마를 물리쳐주는 영적 능력을 가지고 있다고 믿었다. 개가 눈으로 한 번 응시하면 악마도 물리칠 수 있는 것이다. 이런 생각들은 그들이 정복했던 메소포타미아인들의 토테미즘을 그대로 물려받은 것으로 볼 수 있다. 개를 죽이는 행위는 사후에 천벌을 받게 되고, 개에게 음식을 주지 않으면 지옥에서 고문의 고통을 받는다. 왜냐하면 최고의 신인 아후라 마즈다Ahura Mazda 의 아들이자 불의 신인 아타르Atar 가 위에서 지켜보기 때문이다. 개에게 나쁜 음식을 주는 행위는 사람에게 나쁜 음식을 주는 행위와 같게 생각했다.

천국으로 가는 길 위의 심판자

고대 페르시아에서 개는 사후 세계와도 연관되어 있었다. 개가 지상에서 천국으로 가는 길목에 놓인 친바트^{Chinvat} 라는 심판의 다리를 지키는 동물이라고 생각했다. 이는 고대 이집트에서 아누비스가 수행했던 심판자의 역할과 비슷한 것으로 볼 수 있다. 차이가 있다면 아누비스는 그저 사후 세계로 가는 길목에서 심판자의 역할을 한 반면, 페르시아에서는 천국으로 가는 길목에서 심판자의 역할을 한다는 점이다.

또한 페르시아에서 개를 기르는 것은 죽은 자를 기억하기 위한 것이었다. 따라서 사람이 죽으면 3일 동안은 죽은 사람에게 제공될 분량만큼의 음식을 개에게 주었다. 개가 없는 집은 식사 때마다 들짐승들에게라도 음식을 제공했다.

개는 천국으로 가는 길 위의 심판자이자 죽은 자를 기억하기 위해 기르는 것이기 때문에 당연히 개에 대한 대우가 좋을 수밖에 없었다. 이런 좋은 대우는 조로아스터교의 의식법과 민법을 기록하고 있는 벤디다드^{Vendidad} 경전에 자세히 적혀 있다. 이 경전은 개 학대를 금하고 가정견이든 떠돌이 개든 개를 대할 때는 정성을 다하라고 한다. 위에서 언급한 것처럼 경전은 개에게 주는 음식까지도 자세히 적어놓고 있다.

조로아스터교도들은 시신이 매장된 곳은 더러운 땅이라고 생각했다. 이는 생명이 없는 시신은 단지 오물일 뿐이고 여기에는 나수Nasu 라는 악령이 깃들어 부패한다고 믿었기 때문이다. 따라서 그들은 '침묵의 탑'이라는 곳 위에 시신을 두어 비바람에 노출되고 동물들이 뜯어먹게 해 자연 속으로 사라지게 하는 풍장 의식을 진행했다. 개의 장례도 사람의 장례와 마찬가지로 이러한 풍장을 통해 이루어졌다. 개는 이러한 장례 의식에도 이용되었다. 조로아스터교 경전에는 삭디드sagdid 라는 말이 있는데, '개에게 보이기'라는 의미이다. 이것은 사람이 죽으면 네 살 이상의 수컷 개에게 시신을 확인하게 하는 행위였다. 침묵의 탑에 안치될 때까지 이러한 행위를 세 번 반복했다. 이것은 사람보다 예민한 개의 감각을 이용해서 정말로 죽은 것이 맞는지 확인하기 위한 것이었다. 또한 개가 바라보는 것이 정화의 의미를 가지고 있다고 믿었기 때문에 개에게 시신을 보여줌으로써 시신을 정화시킨다는 의미도 가지

접시에 그려진 상상속의 새 시무르그

개 형상의 등잔

고 있었다. 하지만 이러한 의식은 19세기 개혁적 조로아스터교도들에게 비난받으면서 20세기에 와서는 완전히 금지되었다.

고대 페르시아 신화에는 시무르그Simurg라는 거대한 상상 속의 새가 나타난다. 이 새의 얼굴은 개의 모습을 하고 있으며, 사자의 발톱과 공작의 날개와 꼬리를 하고 있다. 개의 얼굴이 아니라 때때로 사람의 모습을 한 인면조로 표현되기도 하는 이 새는 보호와 치료의 능력을 가지고 있다고 믿었다. 그리고 물과 땅을 정화하고 다산의 상징이었으며 하늘과 땅 사이에서 중재자의 역할까지 수행했다. 보호와 치료, 정화, 중재자라는 개념 모두 개와 연결된 것이었다.

고대 페르시아에서 개는 전쟁에서도 자주 이용되었다. 전투견으로 이용된 개는 주로 마스티프였다. 사실 페르시아 전쟁에서는 그리스와 페르시아 양측 모두 목에 철심이 박힌 거대한 마스티프를 전투견으로 사용했다. 페르시아는 주로 인도에서 수입된 마스티프를 활용했다. 제1차 페르시아 전쟁에서는 그리스가 승리했는데, 이때 그리스 전투견들이 공을 세웠다고 해서 오늘날에도 그리스 승리기념관에는 전투견 조각상이 남아 있다.

페르시안 고양이는 페르시아의 고양이가 아니다

전쟁에 참전한 마스티프의 희생을 예외로 한다면, 페르시아는 아마도 개들에게 가장 살기 좋은 천국이었을 것이다. 그런데 고양이들에게는 그렇지 못했다. 부드럽고 윤기가 흐르는 긴 털을 가진 매혹적인 페르시안 고양이는 이름만 들어서는 페르시아 제국에서 유래한 것으로 오해하기 쉽다. 하지만 1620년 현재의 이란에서 이탈리아로 수입되어 유럽에 퍼지기 시작했기 때문에 페르시안으로 알려진 것이지 과거의 페르시아 제국과는 아무 상관이 없다. 중동 지역에서는 오히려 이란 고양이라고 불린다. 사실 고대 페르시아에서 고양이는 그렇게 환대받지 못하던 동물이었다.

조로아스터교는 무슬림과는 다르게 고양이를 사악하고 해로운 동물로 여겼다. 페르시아에서 고양이에 관한 기록은 사산조 왕조(221~651년)가 되어서야 나온다. 이 이전까지는 고양이에 대해서는 신경도 안 썼다는 이야기이다. 어쨌든 사산조 왕조의 신화에 따르면 고양이는 사악한 영령에 의해 창조된 동물이다. 따라서 고양이가 물에 오줌을 누면 바다의 모든 물고기가 죽고, 고양이가 밥을 먹은 그릇은 일곱 번을 씻는다고 해도 더럽다고 했다. 고양이의 털이 닿은 음식을 먹으면 쇠약해진다고도 한다. 특히 검은 고양이는 악마 그 자체였다. 아침에 검은 고양이를 보면 불운하다고 믿는 유럽의 미신은 바로 여기서 유래한 것이다. 또한 그들은 고양이 꿈을 꾸면 도둑을 맞게 된다고 믿었다.

조로아스터교가 고양이를 악마화했지만, 사람들은 고양이를 애완용이나 쥐를 잡는 용도로 이용하기도 했다. 여성들은 종종 고양이에게 귀걸이나 목걸이를 해주기도 하고 털을 염색하기도 했으며, 고양이와 함께 잠을 자기도 했다고 한다. 하지만 이런 일들은 일부에 한정된 것이었고 당시로서는 아마 일탈적 행동이었을 것이다. 7세기 사산조 왕조의 마지막 황제였던 호로스 2세는 아제르바이잔의 레이Ray 라는 도시를 미워해 그 도시를 철저하게 파괴하기로 마음먹었다. 이에 새로운 총독을 임명해 고양이를 모두 죽이도록 했다. 그러고 나자 쥐 숫자가 늘어났고 사람들은 하나둘씩 도시를 떠나기 시작했다. 왕이 원했던 대로 이 도시는 결국 망하게 되었다. 그러나 왕비가 왕을 설득해 총독을 다시 돌아오게 하고 나서 도시는 복원되었고 고양이도 다시 돌아왔다고 한다.

고양이를 이렇게 미워했으면서도 페르시아인들에게 고양이는 유용한 동물이기도 했다. 그들은 고대 이집트인들이나 그리스인들이 그랬던 것처럼 고양이를 치료 목적으로 사용했다. 열을 내리는 데 고양이 똥을 오일과 함께 섞어 사용했으며, 고양이 피는 나병을 치료하는 데 효과가 있다고 믿었다. 페르시아에서 전해 내려오는 이야기에 따르면 고양이가 자신의 똥이 약에 사용된다는 것을 알기 때문에 자신의 똥을 묻어버린다고 한다. 고양이는 다산성과도 연계되어 있기 때문에 불임 치료 능력이 있다고도 믿었다. 불임을 치료하기 위해 여성은 고양이 태반을 머리 위에 올려놓고 그 위에 물을 뿌린다. 물이 여인의 머리에 흘러내리면 그녀의 불임이 치료된다고 믿었다.

개에게 호의적이고 고양이에게 부정적이었던 페르시아의 인식은 651년을 기점으로 뒤바뀌게 된다. 페르시아의 이슬람 지배 때문이었다. 651년 이후로 페르시아 지역은 13~14세기 잠시 동안 몽고의 지배를 받은 것을 제외하면 왕조는 바뀌었지만 줄곧 이슬람 세력이 지배했다. 이슬람은 근본적으로 개는 더러운 동물이라고 생각했지만 고양이는 깨끗하고 고귀한 동물로 생각했다. 그렇기에 이 지역에서 우호적인 애견 문화는 점차 사라지게 되었다. 특히 1979년 이슬람 혁명 이후 반려 문화는 사실상 거의 사라졌다.

죽은 개를 위해 눈썹을 밀던 사람들

이집트

개는 나를 물지 않는다. 나를 무는 것은 인간이다.
- 메릴린 먼로

지금으로부터 약 3500여 년 전 이집트 나일강변에 위치한 한 마을에서는 전쟁터에 나갔다가 전사한 청년 네쿠레의 장례가 치러지고 있었다. 장례식에 참석한 사람들은 누구 하나 눈물을 보이지 않았다. 비록 육신은 죽었지만 정신과 영혼이 오시리스^{Osiris}가 지배하는 지하 세계에서 심판을 받고 미라로 남아 있는 육신을 만나 다시 태어날 것이기 때문이었다. 개 머리 모양의 검은색 가면을 뒤집어쓴 장례사는 나일강 물과 향료로 시신을 깨끗이 씻고 내장을 따로 꺼내어 방부처리를 한 후 다시 원래 위치에 넣었다. 시신은 역청과 톱밥을 섞어 방부처리를 한 후 아마포로 잘 감쌌다. 죽은 자의 영혼이 사후 세계를 잘 찾아갈 수 있도록 파피루스에 적은 '사자의 서'를 양쪽 손에 잘 끼워 넣은 후 시신을 나무로 만든 관에 넣었다. 마지막으로 가족들은 망자가 사후 세계에서 사용할 물건들을 부장품으로 넣고 작별 인사를 했다.

네쿠레의 정신 '바^{Ba}'와 영혼 '카^{Ka}'는 육신을 떠나 지하세계에 도착했다. 지하세계의 입구에서는 검은색 개 머리를 한 저승사자 아누비스^{Anubis}가 그를 심판장으로 인도하기 위해 기다리고 있었다. 네쿠레의 '바'와 '카'를 재판정에 인도한 아누비스는 네쿠레의 '카'에서 심장을 꺼내어 저울에 올려놓고 다른 한쪽에는 진실의 깃털을 올려놓았다. 옆에서는 지혜와 정의의 신인 따오기 얼굴을 한 토트가 평형자를 들고 저울의 평형을 측정하였다. 만약 저울이 평형하지 못하다면 바로 아래로 떨어져 악어 머리를 한 괴물에게 잡아 먹혀 영생을 얻지 못할 것이었다. 다행히 저울은 평형을 이루었고 네쿠레의 '바'와 '카'는 호루스의 안내를 받아 오시리스 앞에 도착했다. 오시리스는 네쿠레의 '바'와 '카'를 어느 곳에 둘지를 결정하였다. 이윽고 '바'와 '카'는 미라로 보관된 육신과 재결합해 영생을 의미하는 '아크^{Akh}'가 되어 영혼불멸의 세계로 들어갔다.

피라미드에서 발견된 고대 이집트인들의 내세관을 보여주는 심판도를 기반으로 이집트인이 죽음에서 영생으로 다시 태어나는 과정을 재구성한 것이다. 이 과정에서 검은색 개 머리를 한 아누비스는 망자의 영혼을 지하세계의 심판대로 인도하고 심장을 꺼내 저울에 다는 죽음을 관장하는 신이었다.

젊은 세대들은 아누비스라는 이름을 들으면 온라인 게임이 먼저 떠오를지도 모르겠다. 사실 이집트 신화만큼 게임 산업에 많은 콘텐츠를 제공한 나라도 없다. 워낙 신비의 문명이라서 그런지 몰라도 이집트의 다양한 신들, 특히 아누비스 신은 게임의 주인공으로 사랑받고 있다. 아누비스는 닌텐도사의 The House of Anubis라는 비디오 게임에서부터 Anubis: the God, The Temple of Anubis와 같은 수많은 온라인 게임, 그리고 Mask of Anubis라는 보드게임까지 수많은 게임에게 모티브를 제공해주었다.

모든 것이 신이 된 나라

사실 이집트는 무생물부터 동물까지 존재하는 모든 것이 신이 된 나라이다. 특히 동물은 거의 모두 신으로 숭배되었다. 매는 태양의 신, 따오기는 지혜의 신, 양은 창조의 신이다. 특히 매, 고양이, 따오기를 죽이면 사형을 당하기도 했다고 하니 절대적인 숭배의 대상이었던 것 같다. 발굴된 어마어마한 규모의 따오기 무덤에서는 수천 개의 따오기 관이 나오기도 했다. 테베Thebe라는 도시에서는 악어를 신으로 숭배해 금으로 된 귀걸이까지 해주었다고 하니 이집트인들이 얼마나 동물숭배에 집착했는지 짐작할 수 있다.

피라미드 벽화 중 지하 세계 심판도

신화는 고대인의 사고와 일상생활을 지배했다. 그들에게 신화는 곧 종교였다. 일신교가 등장하기 이전까지 고대인은 인간에게 없는 능력을 가진 동물을 신격화했다. 예를 들면 사자는 용맹하고 사나워서, 곰은 힘이 세서, 뱀은 치명적 독을 가지고 있어서, 개는 인간이 가지지 못한 감각을 가지고 있어서, 고양이는 쥐를 잡는 능력이 대단했기에 신격화되었다. 따라서 존재하는 거의 모든 동물들은 이집트 신화 속의 신들이 되었다. 세계 모든 지역의 신화에 반인반수인 신이 존재하는 이유다. 반인반수는 인간에게 동물의 영적 능력을 부여하려는 샤머니즘의 전형적인 모습이다. 변화무쌍한 자연에 의존해 살아가야 했던 고대인에게 동물을 숭배하거나 신격화하는 것은 자연스러운 일이었다.

신화의 발전 궤도를 보면 인간의 자연에 대한 지배력이 커지면서 반인반수의 신은 점차 인간의 모습으로 변화된다. 대신 해당 동물을 데리고 다니는 모습으로 변모한다. 그리스-로마신화가 좋은 예이다. 하지만 계속해서 반인반수의 모습으로 남아 있는 경우도 종종 있다. 이집트의 신들은 오시리스와 그의 아내 오리스를 제외하고는 줄곧 반인반수의 모습으로 등장한다. 오시리스의 아들이자 하늘의 신인 호루스는 매, 창조의 여신 프타는 사자, 지혜와 정의의 신인 토트는 따오기, 물의 신 소베크는 악어, 저승의 신 아누비스는 개, 출산과 사랑의 신 바스테트는 고양이의 얼굴을 하고 있다.

화려한 목줄을 한 반려견

다시 개 이야기로 돌아가 보자. 고대 이집트에서 개와 인간은 어떤 관계를 맺으며 살아왔을까? 이집트에서 개의 가축화는 기원전 6000년경으로 추정되지만 명확한 증거는 기원전 3500~3000년경 것으로 추정되는 아쉬말리안 돌판Ashmalian Pallette 에 새겨진 개의 모습이다. 이후 기원전 2000년대의 수많은 벽화들에서도 목줄을 한 개의 모습이 발견된다. 고대 이집트인은 개를 '이위이위iwiw '라고 불렀는데, 이는 개가 짖는 소리를 딴 의성어로 우리나라의 '멍

동물 형상을 한 이집트의 신들
왼쪽부터 바스테트, 토트, 호루스, 아누비스

멍이' 정도에 해당된다. 당시의 대표 견종은 사막에서도 잘 달리는 살루키였는데, 이집트 왕실의 개로도 유명해 왕이 죽으면 함께 미라로 만들어져 묻히기도 했다.

당시의 개들은 대부분 이름이 새겨진 목줄을 하고 있었다. 목줄은 고대 메소포타미아 지역의 수메르인들이 가장 먼저 해 준 것으로 알려져 있는데, 이집트인들은 이를 발전시켜 더욱 화려한 목줄을 만들고 여기에 개의 이름을 새기곤 했다. 목줄에 쓰여진 개의 이름은 주로 '용감한 녀석', '믿을만한 녀석', '쓸모없는 놈', '북풍', '다섯째' 등과 같은 용도나 특징을 딴 것이었다. 고대 이집트 세계에서 개는 주로 사냥견, 군견, 경비견 등으로 이용되었지만, 오늘날과 같이 집 안에서 기르는 반려견의 역할을 수행하기도 하였다.

고대 이집트 세계에서 인간과 개의 관계는 아누비스 신을 통해 짐작할 수 있다. 아누비스는 검은색 개의 머리와 인간의 몸을 가진 지하 세계의 신이다. 자칼의 머리라고도 알려져 있지만 자칼도 개과의 하나이니 개의 머리라는 것이 일반적인 해석이다. 게다가 아누비스가 최초의 미라를 만들었고 이 때문에 장례사는 흔히 아누비

아누비스 조각상

스 형상의 가면을 썼다. 아누비스는 신화 속에서 죽은 자를 심판대로 인도하는 일종의 저승사자다. 개를 저승사자와 연결시킨 것은 동양이든 서양이든 공통된다. 그리스, 아프리카, 중남미, 동양에서 대부분 그렇다. 미국 드라마 〈슈퍼내츄럴〉에서도 '지옥의 개' 이야기가 나온다. 아마도 동서양의 공통적인 신화에서 아이디어를 가져온 것 같다. 왜 그랬을까? 왜 개는 이승과 저승을 연결하는 역할을 하는 것일까?

근본적인 이유는 개에 대한 인식 및 역할과 관련이 깊을 것이

다. 지역을 막론하고 고대 세계에서 개는 무서움과 친근함 두 가지 인식을 동시에 가지고 있었다. 무서움은 광견병 때문이었고, 친근함은 인간과 가장 가까운 동물이기 때문이다. 게다가 특출난 능력으로 집이나 재산을 지켜주거나 인간을 보호하는 역할을 한다. 그러니 개가 어쩌면 사후 세계에서도 망자를 보호해 줄 것이라는 기대가 포함되어 있었을 것이다.

검은색 머리를 한 아누비스

그렇다면 아누비스의 머리는 왜 하필 검은색 개일까? 고대 이집트에서 검은색은 생명과 죽음 모두를 상징하는 색이다. 나일강의 범람으로 영양분이 풍부한 검은색 흙은 농사에 절대적이었기에 생명을 의미하고, 미라를 만들 때 사용하는 타르가 검은색이라죽음을 의미하기도 한다. 그렇기에 검은색 개의 얼굴을 가진 아누비스 역시 단순한 '죽음의 신'이 아니다. 더군다나 육체의 죽음과 함께 영원한 삶이 다시 시작된다는 영혼불멸의 내세관 속에서 아누비스가 양면적인 검은색 머리를 가지는 것은 어쩌면 당연한 일이었을 것이다.

우리나라에서도 태조 이성계에 관해 전해 내려오는 이야기에서 검은색 개의 흔적을 찾을 수 있다. 이성계가 절에서 자신의 손에 죽은 이들의 원혼을 달래기 위해 기도하고 있을 때, 자객이 나타나 그를 죽이려 하자 검은색 개 두 마리가 나타나 구해주었다는 이야기 말이다. 이처럼 검은색 개는 이승과 저승의 다리 역할을 하는 상징적인 동물이었다. 피라미드에 안장된 파라오의 무덤 벽화 곳곳에 그려진 아누비스 역시 왕의 죽음과 부활을 의미했다. 즉, 삶과 죽음 사이에 아누비스가 존재하는 것이다. 아누비스를 인간을 죽음으로 몰고 가는 무서운 존재이자 다시 살려내고 지켜주는 수호자로 보는 것은 동양과 서양 문화를 동질화하려는 지나친 과장일까? 이집트 왕들이 생전에 자신이 기르던 개를 미라로 만들어 함께 묻히도록 한 것은 바로 이러한 의미였음을 무시하기는 어렵다.

완전한 유적 형태로 남아 있지는 않지만 이집트 곳곳에는 아누비스 신전이 있었다고 한다. 이집트 중부에는 엘 카이스^{El Qeis} 라는 도시가 있는데, 원래 이름은 '개의 마을'을 의미하는 키노폴리스^{Kynopolis} 였다. 개를 숭배하는 도시였던 이곳은 개가 죽은 후 묻히는 사원인 아누비스 신전이 있었다. 개가 사후 세계에서도 지상에서처럼 편안하게 살기를 바라는 인간들의 배려였을 것이다. 고대 이집트의 부유한 사람들은 개나 고양이가 죽으면 눈썹을 밀어 애도하기도 했다. 이는 그들이 개를 단순히 자신을 보호해주는 동물이 아니라 희로애락을 함께 하는 반려동물로 생각하고 있었음을 의미한다. 결국 고대 이집트 세계에서 인간과 개의 관계는 오늘날과 큰 차이를 보이지 않는다. 오히려 오늘날보다 더욱 깊이 관계 맺으며 살아가는 상생의 관계였다고 할 수 있다.

이집트인들의 지독한 고양이 사랑

게임이나 각종 완구를 통해 워낙 유명해진 아누비스를 이집트의 대표 동물 신으로 생각하기 쉽지만 이집트는 사실 고양이 집사의 나라였다. 이집트에서 개의 가축화는 기원전 6000년경에 이루어진 것으로 알려져 있는데, 고양이는 이보다 훨씬 먼저 반려동물이 되었다. 이는 이집트문명의 탄생 배경과 관련이 있다. 그리스의 역사가 헤로도토스가 이야기했듯이 '이집트는 나일강의 선물'이다. 나일강의 주기적 범람으로 만들어진 비옥한 토양이 풍부한 곡식을 가져다주었고, 이를 노리는 쥐들 때문에 고양이가 먼저 필요했을 것이다. 고양이는 이집트에서 가장 먼저 가축화된 것으로 알려져 있지만, 최근 연구에 따르면 메소포타미아에서 1만 3천 년 전 가축화되어 이집트보다 앞서 있었다는 이야기도 있다.

이집트에서 고양이는 단순히 쥐를 잡는 가축의 개념을 넘어 반려동물이었고 또 신으로 숭배되었다. 사실 고양이가 처음부터 신으로 숭배된 것은 아니다. 이집트 신화에는 마프데트라는 치타 혹은 사자의 머리를 한 신이 있었는데, 이 신은 뱀과 전갈로부터 인간을 지켜주는 신이었다. 이후 바스테트라 불리게 되었고 기원전 9세기 이후에는 치타의 머리가 점점 고양이로 대체되면서 오늘날 우리가 아는 고양이 신 바스테트가 되었다. 평소에는 생명과도 같은 곡식을 지켜주고 사막에서는 치명적인 코브라나 전갈로부터 인간을 지켜주니 어찌 좋아하지 않을 수 있겠는가? 고양이는 특유의 다산성 때문에 사랑의 여신이기도 하지만 기쁨의 여신이기도 했다. 고양이를 키우는 집사들은 고양이가 왜 기쁨의 여신인지 잘 알고 있을 것이다.

이집트 곳곳에는 고양이 신 바스테트를 숭배하는 사원이 있었는데, 해마다 제사가 열릴 때면 전국 각지에서 수십 만 명의 순례자가 찾아왔다고 하니 고양이 숭배의 규모를 짐작할 수 있다. 흥미로운 것은 이렇게 고양이를 숭배하면서도 고양이 사원에서 제사가 열릴 때는 고양이를 대규모로 희생시켰다는 점이다. 부바스티스^{Bubastis}에 있는 고양이 사원에서 수천 구의 고양이 미라가 발견되었는데, 사체를 조사한 결과 대부분 목이 부러져 죽은 것들이었다. 이는 사원에서 사육하다가 일부러 희생시켜 제물로 바쳐진 것이다. 물론 이후에는 고양이상으로 대체되기는 했다. 기자^{Giza}의 대피라미드 근처를 포함해 이집트 각지에서는 대규모 고양이 무덤이 발견되었는데, 특히 베니하산^{Beni Hasan}이라는 도시의 고양이 무덤에서는 30만 구의 고양이 미라가 발견되기도 했다. 이 미라들이 19세기에 영국으로 옮겨져 분쇄되어 비료로 사용되었다고 하니 식민지 문화에 얼마나 무지한 영국인이었던가?

이렇듯 고양이를 숭배하고 좋아했기에 집집마다 고양이를 기르면서 신성시한 것은 당연하다. 오죽하면 기원전 5세기 페르시아군이 고양이를 던지며 침략해올 때도 고양이의 안위만을 생각해 손 한번 써보지 못하고 페르시아의 지배에 들어갔겠는가? 물론 과장된 이야기겠지만 이집트인들의 지독한 고양이 사랑을 충분히 짐작할 수 있는 이야기이다.

지옥문을 지키는 머리 셋 달린 괴물

그리스

만약 천국에 개가 없다면 나는 천국에 가고 싶지 않다.
그들이 있는 곳으로 가고 싶다.
– 로버트 루이스 스티븐슨

그리스의 전쟁 영웅 오디세우스는 10년 동안 치러진 트로이 전쟁을 승리로 이끌고 꿈에 그리던 집으로 향한다. 10년 동안 갖은 어려움을 헤치고 고향인 이타카로 돌아왔으니 길을 떠난지 20년 만이었다. 하지만 그가 자리를 비운 사이 힘을 기른 정적들이 그의 재산과 아내를 빼앗으려 했기 때문에 변장을 하고 몰래 고향으로 돌아올 수밖에 없었다. 다행히 변장을 한 그를 알아보는 사람은 아무도 없었다. 집 앞에 도착한 그는 더러운 거름 더미 위에 누워 있던 지치고 초라해진 자신의 충견 아르고스를 발견하지만 자신이 발각될까 두려워 차마 아는 척하지 못한다. 하지만 아르고스는 그를 곧바로 알아보고는 뛰어오르며 기뻐했고 곧 기진해 그토록 기다리던 주인 앞에 쓰러져 죽고 만다. 오디세우스는 흐르는 눈물을 주체할 수 없다. 하지만 자신의 신분을 감추기 위해 모른 체 뒤돌아서고 훗날 다시 왕권을 되찾는다.

호머의 대서사시 오디세이아에 나오는 충견 아르고스의 이 이야기는 고대 그리스 금화에도 새겨질 정도로 유명한 이야기다. 개와 인간의 관계를 다시 생각해볼 수 있는 감동적인 내용을 담고 있다.

신화는 고대 그리스 사람들의 삶에 결정적인 영향을 끼쳤다. 그리스인들의 개에 대한 이미지 역시 신화로부터 많은 영향을 받았

루벤스가 그린 디아나와 그녀의 충견

암흑의 여신 헤카테와 그녀의 검은 충견

을 것이다. 그리스신화 속에는 신과 함께 다니는 개에 대한 이야기가 많이 나온다. 유독 여신들이 개를 많이 데리고 다녔던 것으로 보아 보호자로서의 이미지가 강했던 것 같다. 달, 사냥, 야생동물의 여신인 아르테미스(로마에서는디아나)는 늘 금으로 된 화살과 그녀의 충견과 함께였다. 또한 저승 세계와 암흑의 여신인 헤카테 역시 항상 검은색 개를 데리고 다닌다. 제우스가 에우로파에게 준 사냥개 라이라프스Laelaps, 에리곤Erigone의 충견 마에라Maera, 어린 제우스를 지켰던 황금 개 등이 대표적인 그리스신화 속의 개들이다. 그래서 그런지 몰라도 그리스와 로마에서는 여신의 이름에서 따온 개의 이름이 많다. 아마도 '개' 하면 여신이 떠올랐기 때문일 것이다.

고대 그리스인들도 중동 지역 사람들과 마찬가지로 개에 대해

양면적인 생각을 가지고 있었다. 개가 가축화되기는 했지만 야생성도 가지고 있는 동물이기 때문이다. 그리스 사회에서 개는 사냥견이나 경비견과 같이 인간에게 유익하면서도 가치 있는 동물이었지만 다른 한편으로는 야생의 비인간 세계에 속하는 동물로 인식되었다. 따라서 아주 유익한 동물이자 가장 낮은 수준의 사람 모두로 비유되었다. 하지만 전반적으로는 긍정적인 이미지가 우세했다. 왜냐하면 개를 향한 사랑이 엄청났던 알렉산드로스 대왕이 기원전 3세기 중동 지역을 정복하고 헬레니즘을 정복하면서 늘 개와 함께 했기 때문이다.

신화에서 뿐만 아니라 그리스 철학에서도 개가 종종 언급된다. 플라톤은 자신의 저서 《공화국》에서 '개는 알고 모르고를 기준으로 친구와 적의 얼굴을 구분하기 때문에 진정한 철학자'라고 하고, 개들은 '지식을 근거로 누가 친구이고 누가 적인지를 깨우친 반면, 인간은 누가 그들의 진정한 친구인지 속고 있다'고 꾸짖기도 했다. 재미있는 것은 '세파를 벗어나 개처럼 살자'라는 모토를 가진 그리스 견유학파犬儒學派의 이름이 바로 개에서 유래했다는 점이다. 견유학파의 추종자들은 '키니코스kynikos 3'로 불렸는데, 여기저기 한 눈 팔지 않고 오로지 철학에만 충실했기 때문이라고 한다. 견유학파의 대표적인 철학자 안티스테네스Antisthenes는 키노사

3 '개 같은'이라는 뜻.

장 레옹 제롬이 그린 〈디오게네스〉

르지 Cynosarges 4에서 철학을 가르쳤는데, 이는 '하얀 개의 마을'이란 뜻이었다. 견유학파들을 '키노코스'라고 부른 것은 바로 이 마을 이름에서 유래한 것이다. 안티스테네스의 제자인 디오게네스는 알렉산드로스 대왕이 찾아와 원하는 것을 모두 들어주겠다고 하자 "아무것도 필요 없으니 햇빛이나 가리지 말고 비켜서라"라고 했다는 일화로 유명하다. 영어 단어 cynical(냉소적인, 비꼬는)이라는 말도 바로 여기에서 유래한 것이다. 먹고살 것만 해결되면 어

---

4 헤라클레스 신전이자 공공체육관의 기능을 하던 곳.

떤 명예나 재물 욕심도 부리지 않고 살아가는 삶, 이것이 견유학파의 좌우명이었던 것이다. 생활신조가 정말 개를 닮았다. 개가 욕심을 부리던가? 배부르면 그저 즐겁고 인간에게 충실하니 말이다.

지상과 지하 세계, 그 사이를 떠도는 존재

그리스 사회의 개에 대한 부정적인 이미지는 아마도 개가 지하 세계, 혹은 죽음의 상징으로서 죽음의 신들과 연관되어 있는 동물이었기 때문이었을 것이다. 따라서 개는 지상 세계와 지하 세계의 경계에 위치하는 존재로 인식되었다. 죽음의 신 하데스가 관장하는 지하 세계의 입구를 지키는 케르베루스처럼 말이다. 케르베루스는 고대 이집트의 아누비스와 같은 존재로 세 개의 머리를 가진 너무나 사납고 용맹하여 아무도 범접하지 못하는 일종의 '악마견'으로 묘사되곤 한다. 헤시오도스가 쓴《신들의 계보》에서는 케르베루스를 "냉혹하고 교활한 그 개는 들어오는 사람들에게는 꼬리와 귀를 살랑거리며 아첨을 떨지만, 다시 나가는 것은 결단코 허용하지 않으며, 지키고 있다가 어느 누구라도 문 밖으로 나오다 잡히면 그 자리에서 잡아먹고, (…) 살아 있는 사람이 안으로 들어가는 것도 막는다"라고 적고 있다. 고대 그리스의 신전이나 왕궁에는 종종 케르베루스가 조각되어 있는데, 바로 이런 무서움 때문이었을 것이다.

그런데 왜 하필 '머리가 셋' 달린 '개'일까? 고대 이집트에서도 지하 세계를 지키는 신은 아누비스라는 개의 머리를 한 신이었다. 그리스인들은 개가 인간세계(이승)와 비인간세계(저승)의 경계에 있는 존재로 생각했다. 그렇다면 죽음의 지하 세계를 지키는 존재로 개를 둔 것은 아주 자연스러운 것이었을 게다. 그런데 이집트와 그리스의 사후 세계관은 분명히 다르다. 이집트인들이 영혼불멸이라는 다소 낙관적인 사후 세계에 대한 생각을 가졌다면, 그리스인들의 사후 세계는 하데스라는 어둡고 침침한 비관적인 세계

18세기 윌리엄 블레이크가 그린 케르베루스

하데스와 케르베루스

였다. 하지만 낙관적이든 비관적이든 사후 세계관은 죽음에 대한 두려움과 불안으로부터 탄생한다. 그렇다면 이승과 저승 사이에 무서운 존재를 둠으로써 죽음을 경계하려 했던 것은 아닐까? 당시 개는 반려견이기도 했지만 치료약이 없는 끔찍한 광견병을 옮기는 무서운 동물이었으니까 말이다.

머리가 셋인 이유는 또 무엇일까? 서양 신화에서 '3'은 신성한 숫자로 육체와 영혼, 삶과 죽음을 의미한다. 제우스, 포세이돈, 하데스가 천하를 삼분해 하늘, 바다, 지하 세계를 관장하는 것도 3과 관계가 있는 것처럼 말이다. 결국 머리가 셋 달린 개인 케르베루스는 삶과 죽음의 경계를 지키는 가장 이상적인 동물이었을 것이다.

고대 그리스에서 개는 바로 남자들의 절친이기도 했다. 고대 아테네 귀족사회에서는 유독 남성 동성애자들이 많았다고 한다. 그리스에서 젊은 남자아이들은 성인으로 성장해가면서 자연스럽게 사냥개를 가지게 되고, 이 사냥개는 낮에는 함께 사냥을 나가는 동반자이면서 밤에는 사랑의 선물(?)이 될 수 있는 파트너였다. 남성 동성애가 자연스럽던 시대에는 사냥을 떠난 들판에서 자신의 동료인 개가 하룻밤의 상대가 될 수 있었을 것이다.

잘 알려지지 않은 이야기이지만 그리스 사회에서 개는 아주 오랫동안 미신의 희생양이기도 했다. 스파르타에서는 전쟁의 승리를 기념하거나 장례를 치르기 위해 개를 도축하기도 했다. 호머의 서사시에도 아킬레스가 동료이자 애인인 파트로클로스가 죽자 개 두 마리를 죽여 함께 장례를 치러주는 장면이 나온다. 1937년 그리스에서 발견된 한 우물의 유적에서는 수백 구의 시신과 함께 100여 구의 개 뼈가 출토되기도 했다. 아마도 전쟁 혹은 전염병으로 죽은 사람들의 장사를 지내면서 함께 묻었을 것이다.

가장 가공할만한 개 학대는 정화의 월요일 Clean Monday 이라고 불리는 미신 행사에서 이루어졌다. 정화의 월요일은 부활절의 시작을 앞두고 금식에 들어가는 날인 사순절의 시작일에 행하는 의식인데, 헝가리와 불가리아에서도 시행되어 이들 국가가 2005년 유럽연합에 가입할 때 문제가 되었던 행사이기도 했다. 그리스 일부 지역에서는 1970년대까지 이 행사가 유지되었다. 이 행사를 위해 사람들은 양쪽에 큰 기둥을 세우고 꼭대기에 두 개의 줄을 연결해 그 가운데 개를 매달았다. 행사가 무르익으면 두 개의 줄을 꼬이게 만들어 허공에서 돌리다가 개를 하늘 위로 던졌다. 개들은 아마도 고통 때문에 큰 소리로 울부짖다 죽었을 것이다. 이것 때문에 이 행사를 개 고문이라고도 한다. 오늘날에는 주로 연날리기 등을 하는 국경일로 남아 있다니 다행이긴 하다.

이런 행사는 개들이 가지는 종교적, 미신적 의미 때문이었다. 고대 그리스가 전쟁의 승리나 장례에서 개를 도축했던 것처럼 개의 도축은 정화의 상징이었다. 죽음이나 아이의 출산으로 더럽혀진 것을 개의 피로 정화할 수 있다고 믿었다.

그리스인들에게 개는 케르베루스처럼 인간을 죽음의 세계로 인도하거나 지상 세계로 돌려보내는 문지기였다. 그렇기 때문에 케르베루스, 즉 개를 죽이는 것이 어떤 장애물을 제거하는 행위처럼 받아들여졌고 더 나아가 정화의 월요일 행사 또한 가뭄이나 흉작, 홍수 등 초자연적인 힘을 누그러뜨리기 위한 정화 의식이 된 것이다. 우리나라의 전통 신앙에서 주로 행하는 닭이나 돼지의 피로 제사를 지내는 의식과 비슷하다.

시리우스가 빛나는 한여름 개의 날

로마제국

🐾

개가 인간보다 낫다. 그들은 다 알고 있지만 말을 하지 않는다.
― 에밀리 디킨슨

로마 시내를 걷다 보면 관광객들은 두 가지 장면에 놀란다. 하나는 로마제국이 남겨놓은 유적들의 웅장함과 화려함이고, 다른 하나는 엄청난 숫자의 고양이들이다. 콜로세움이나 포로 로마노의 돌무더기 유적들 사이에서 따뜻한 햇볕을 즐기며 한가로이 낮잠을 자거나, 이리저리 뛰어다니는 수많은 고양이들의 모습을 보면 로마가 마치 그들에게 점령당한 것 같이 느껴진다. 로마의 고양이들은 가타라^{gattara}라고 부르는 '캣맘'들 덕분에 기하급수적으로 증가하면서 로마의 '생물학적 유산'으로 지정되기까지 했다. 로마의 고양이는 아마도 인류 최초의 밀수품일 것이다. 고대 이집트 왕국은 고양이를 신성한 동물로 여겨 해외 유출을 금지시켰는데, 기원

고양이로 가득한 로마의 광장

전 5세기경 지중해 해상무역을 장악하고 있던 페니키아인들이 밀수를 통해 로마로 데려온 것이다.

　로마가 고양이들의 천국이 된 것은 고양이를 자유롭고 신성한 동물로 여겼던 고대 로마인들의 전통 때문이다. 로마신화 속 자유의 여신인 리베르타스Libertas 가 종종 고양이를 데리고 다니는 모습처럼 말이다. 아마도 들고양이의 구속되지 않은 삶을 보면서 자유라는 단어를 연상했던 것 같다. 한편 이집트와 마찬가지로 로마인들도 고양이를 신성시했다. 그리스신화에서 개를 데리고 다녔던 사냥의 여신인 디아나가 로마신화에서는 종종 고양이와 연결된다. 출산과 다산 혹은 비옥함의 여신인 디아나는 종종 출산과 사랑을 상징하는 이집트의 고양이 신 바스테트와 비슷한 것으로 간

주된다. 농경과 목축 사회에서 고양이는 약탈자로부터 재산을 지켜주는 고마운 동물이었다. 로마제국의 역사를 살펴보면 군대에서도 쥐들로부터 식량을 지키기 위해 고양이를 이용했다는 기록도 있다.

오늘날의 로마가 고양이들의 천국이 된 것은 사실이지만 사실고대 로마인들은 다양한 동물들에 익숙했다. 아프리카와 중동 지역을 정복한 세계제국이었던 로마제국은 이들 지역으로부터 다양한 동물을 들여와 다양한 용도로 활용했다. 사자나 호랑이와 같은 맹수들은 콜로세움에서 검투사들의 상대가 되었으며, 원숭이 같은 희귀 동물은 서커스에 동원되었고, 코끼리는 전쟁터에 동원되기도 했다. 개 역시 로마인들에게 매우 익숙한 동물이었고, 다른 어떤 동물보다 다양하게 이용되었다. 그리스신화에서와 마찬가지로 로마신화에서도 개는 종종 신들과 함께 등장한다. 의학의 신인 아스클레피오스는 항상 개를 동반하는 것으로 나오는데, 이는 개의 침이 가진 치유 능력을 믿었기 때문이다.

도시의 발달과 반려 문화의 변화

주변 지역들과 마찬가지로 로마에서도 개는 부정적이면서도 긍정적인 이미지를 가지고 있었다. 부정적인 인식은 주로 광견병 때문이었을 것이다. 이탈리아어 중에는 카니콜라^{canicola}라는 단어가 있는데, 이는 'dog days of summer'라는 의미로 우리 식으로 이야기하면 가장 더운 날이라는 의미를 가진 일종의 '복날'이다. 이것은 별자리인 큰개자리 중 가장 빛나는 별인 시리우스와 관련되어 있다. 로마인들은 태양 다음으로 밝게 빛나는 시리우스를 두 번째 태양이라고 믿었다. 한여름의 더위는 바로 이것 때문이라고 생각했고, 이러한 열기가 광견병을 포함한 질병을 가져온다고 생각했다. 그리하여 시리우스가 가장 빛나는 한여름에 '개의 날'이 생긴 것이다.

로마제국에서 개의 활용은 기원후 1세기를 기준으로 점차 변화되었다. 이전까지는 주로 가정이나 가축을 지키는 경비견, 투견, 전투견으로 활용했다면, 그 이후에는 도시의 발달에 따라 농촌보다는 도시에서의 생활이 중요해지면서 반려견으로 기르는 가정이 많아졌다. 물론 이전에도 몰티즈 같은 랩 도그[5] 역시 존재했고, 주로 귀족 등 특권층에 한정되긴 하지만 오늘날의 반려견처럼 가정에서 길러지기도 했다. 안고 다니면서 때로는 패션으로 때로는 신분이나 부의 상징으로도 이용되기도 하였으며 주인에게 있을 수 있는 벼룩이나 이 같은 해충이 개에게 옮겨가도록 이용되었다는 기록도 있다. 폼페이의 모자이크화를 보면 반려견과 노는 아

---

5 주인의 무릎 위에 올라앉아 귀여움을 독차지하고 달콤한 간식을 받아먹는 반려견의 종류

이들이 자주 등장하고 기원후 2세기로 추정되는 개의 묘비에는 "여행자들이여, 제발 웃지 말아주세요. 이 무덤은 단순히 개의 무덤이 아니라 내 사랑이 살아 있는 곳입니다"라고 적혀 있기도 하다. 당시 개를 반려견으로 생각했던 사람들이 이미 많았던 것 같다. 그런데 아우구스투스 황제는 이렇게 개를 반려동물로 대우하는 것을 좋아하지 않았다. 그는 원숭이와 애완용 개를 안고 다니는 외국인을 볼 때마다 동물의 버릇을 나쁘게 들인다고 꾸짖곤 했다. 그가 싫어했건 좋아했건 개를 안고 다니는 것은 그 당시 꽤 큰 유행이었고, 이는 오늘날처럼 반려견으로 개를 대우하던 사람들이 많았다는 증거이기도 하다.

집 지키는 개, 사냥하는 개, 싸우는 개

이처럼 로마 시대에 개의 활용은 다양했지만 가장 기본적이고 대중적인 역할은 역시 경비견이었다. 로마법전을 보면 개는 가축과 집을 지키는 수호자로 묘사되어 있다. 잘 알려진 폼페이의 케이브 카넴 Cave Canem[6]이라는 모자이크화는 오늘날처럼 집을 지키는 보호자로서 개가 어떻게 대우되었는지를 보여준다. 고대 라틴 시

---

6 'Beware of Dog'이라는 의미로 '개 조심'이라는 푯말의 원조

폼페이의 개 조심 푯말

인인 비르질^{Virgil}은 "집 지키는 개를 가지면 밤에 마구간이 도둑맞을까 봐 걱정하지 않아도 된다"라고 했다. 한편 바로^{Varro} 라는 작가는 모든 집들마다 사냥개와 집 지키는 개, 이렇게 두 역할의 개를 기르는데, 개는 사나운 동물과 도둑뿐만 아니라 초자연적인 위험으로부터도 인간을 보호한다고 이야기했다. 그리스신화 속 암흑의 여신인 헤카테에 해당하는 로마의 트리비아^{Trivia} 여신은 십자교차로나 무덤가에 나타나 마법을 부리는 것으로 알려져 있다. 그녀가 몰래 사람들의 마음속에 들어가 마법을 부려도 그들은 알아채지 못하지만 개들은 그녀를 먼저 알아차린다고 알려져 있다. 따라서 개가 갑자기 허공에 대고 짖는 것은 트리비아가 나타나거나 육신을 떠난 영혼들이 접근해오는 것을 경고하는 것이라 생각했다.

개는 양 떼 등 가축을 지키거나 사냥을 위한 용도로도 많이 이용되었다. 특히 양 떼를 지키는 개에게는 고기를 먹이지 않았고, 늑대가 목을 물지 못하도록 철심이 박힌 목줄을 하기도 했다. 당시 귀족 및 특권층 사이에서는 사냥이 유행이었기 때문에 사냥개가 많을 수밖에 없었다. 사냥개로는 베르트라구스^{Vertragus} 가 많이 이용되었는데, 이 개는 오늘날 레이싱에 특화된 이탈리안 그레이하운드의 원형이다. 특히 자체 체온이 높아서 난방장치가 없는 이탈리아 사람들이 자주 껴안고 잤다고 한다. 심지어 털도 없어 사냥을 나가 들판에서 노숙할 때 껴안고 자기 딱이었다고 한다.

로마 하면 가장 먼저 떠올리는 것은 콜로세움이다. 그런데 이 콜로세움에서 시민들을 즐겁게 해주는 오락용으로도 개가 자주 사용되었다는 사실은 잘 알려져 있지 않다. 영화에서 무수히 봐왔듯 피에 굶주린 사자나 표범들과 검투사와의 대결 혹은 검투사들끼리의 피비린내 나는 싸움은 관중들을 열광하게 만들었다. 사람들은 당시 콜로세움에서 검투사들을 상대했던 동물들이 사자나 표범과 같은 아프리카의 맹수뿐이었을 것이라고 생각한다. 하지만 당시 콜로세움에서는 개끼리 싸우는 투견이나 검투사가 개와 싸우는 일도 종종 있었다. 로마제국 당시 이탈리아 남부의 카푸

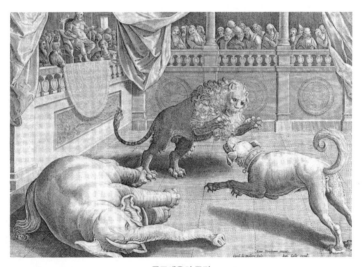

콜로세움의 투견

아^{Capua}에는 검투사들을 훈련시키는 학교가 있었는데, 여기서는 개들도 투견이나 전투견으로 훈련받았다.

콜로세움의 투견은 중세 시대에 대중화된 투견의 기원이다. 기원후 43년 로마제국이 영국을 침략해 전쟁을 벌일 때 영국과 로마제국 둘 다 사나운 맹견을 데리고 전투에 나갔다. 비록 로마제국의 승리로 끝났지만 영국의 맹견은 로마 군인들을 혼비백산하게 만들었다. 이후 로마제국은 전쟁터에서 그리고 콜로세움에서 개들을 이용하기 위해 영국 마스티프의 원조격이자 카네스 푸냐세스라 불리는 영국 개들을 수입했다. 이후 로마의 투견과 교배되어 프랑스, 스페인, 영국, 독일 등 다른 유럽 지역으로 재수출되었다. 로마군은 이 개량종을 독일을 점령하기 위해 원정을 갔다가 로트바일^{Rottweil}에 두고 왔는데, 이 개가 오늘날 경찰견과 사냥견으로 많이 이용되는 로트와일러다.

이탈리아에서 군견이나 투견 혹은 경비견으로 주로 사용된 개는 오늘날 이탈리안 마스티프의 일종이자 카네 코르소^{Cane Corso}의 원형인 몰로수스^{Molosus}였다. 카네 코르소는 워낙 사납고 주인에게 충성해 마피아견으로 유명한데, 영화 〈베테랑〉에서 유아인의 경비견으로도 등장한 바 있다. 매우 사나워 투견이나 경비견 혹은 군견으로 사용된 몰로수스는 전쟁터에서는 철갑을 입고 활동했고, 콜로세움에서는 검투사들의 상대가 되기도 했다. 로마 군대에서는 각 연대마다 철심이 박힌 갑옷을 입고 싸우는 군견 부대가 있었는데, 개들은 적군의 목을 물어 죽이도록 훈련받았다. 몰로수스는 또한 연락책으로도 사용되었다. 전쟁터에서는 구리로 만든 튜브 안에 문서를 넣고 봉인하여 개에게 강제로 먹였다. 연락견은 로마군의 다른 부대에 도착해서는 살육당할 수밖에 없었는데, 이는 개가 삼킨 것을 다시 배출할 때까지 오래 기다릴 수 없었기 때문이다. 참으로 불행한 역사들이다.

종교의 희생양이 된 개들

그리스나 중동 지역에서처럼 로마제국에서도 개는 불행한 역사를 되풀이했다. 개는 일상생활에서 뿐만 아니라 전쟁터에서도 매우 유용하게 이용되었지만, 때때로 종교적 희생양이 되기도 했다. 2003년 영국의 해번트에서는 기원후 250~280년경 것으로 추정되는 우물이 하나 발견되었는데, 여기에서 로마 시대의 동전과 바다의 여신인 넵튠이 새겨진 동으로 된 반지 등과 함께 여덟 마리의 개 유골이 출토되었다. 전문가들은 이 개들이 신에 대한 희생양으로 우물에 던져진 것이라고 분석했다. 고대 그리스에서도 행해졌던 이러한 의식은 두 가지 상징성을 가지고 있다.

첫째, 개의 희생은 제사의 진행을 위한 통과의례였다는 사실이다. 중부 이탈리아의 피르지Pyrgi 사원에서는 기원전 4세기경으

로 추정되는 도자기 파편과 함께 개 뼈
들이 출토되었는데, 이것 역시 탄생과
성장의 개념과 연관된다. 둘째, 개의 희
생은 동반자로서 경비로서 인간과 삶
을 함께 하는 매일 매일의 생활과 관계
가 깊다는 것이다. 죽은 사람 옆에서 개
의 유골이 자주 발견되는데, 이는 소유
주가 죽었을 때 함께 묻기 위해 죽였을
가능성이 높다. 개는 때때로 지하 세계
와 관계되고 삶의 땅과 죽음의 땅 양쪽
에 속한 것으로 표현되었다. 고대 그리
스신화에서 개는 인간의 죽음과 관련된
세 가지 단계에서 중요한 역할을 한다.
삶부터 죽음까지의 단계, 지하 세계에
서의 생활, 그리고 영혼으로서 다시 살
아돌아오는 단계에서의 역할 등이 그것
이다.

(위) 몰로수스 조각상
(아래) 〈베테랑〉 속 조태오가
기르던 카네 코르소

　로마제국에서 개의 희생은 종교적 의미뿐만 아니라 신화 속 이
야기에도 남아 있다. 로마에서는 개를 십자가에 매다는 관습이 있
었다. 이는 기원전 387년 어느 날 야밤에 골족이 성벽을 넘어 로
마를 침략할 때, 개가 이를 알아차리지 못하고 짖지 않은 것에 대

한 징벌이 관습으로 굳어진 것으로 알려져 있다. 대신 이를 알아차린 신전에서 기르던 거위가 꽥꽥 소리를 내어 만리우스를 깨우면서 골족의 침략을 막을 수 있었다. 따라서 로마군이 승리의 행진을 할 때, 개를 십자가에 매다는 대신, 오리를 데리고 나와 군인들을 사멸하게 했다. 이후 거위들은 '태양의 형제이자 달의 사촌'이라 칭해졌고 국가 차원에서 관리되기도 했다. 아마 이 이야기는 꾸며낸 전설일지도 모른다. 왜냐하면 개를 십자가에 매다는 관습은 이전부터 존재했기 때문이다. 하지만 이러한 관습이 이른바 '성스러운 거위'라는 전설과 결부되면서 하나의 이야기로 남겨진 것이다.

교회, 반려동물과 전쟁을 벌이다

중세 유럽

사람을 오래 관찰할수록 내가 기르는 개를 더욱 사랑하게 된다.
- 블레즈 파스칼

"강아지 데리고 나오시면 안 됩니다."

"강아지 키우시면 안 됩니다."

중세 후기 성당의 주임 신부들은 반려동물과 전쟁을 치렀다. 주말이면 습관적으로 강아지를 데리고 교회에 나오는 신자들에게 제발 강아지를 데리고 교회에 나오지 말아달라고 당부했다. 예배 분위기를 망친다는 이유 때문이었다. 수녀들에게는 수녀원에서 강아지를 키우지 말아달라고도 부탁했다. 반려견들이 수녀들의 마음을 산란하게 해서 하나님에게 헌신하는 것을 방해한다는 이유 때문이었다. 하지만 한 번 길들여진 반려견에 대한 애정은 식을 줄 몰랐다. 수녀들의 반려견 사육이 점점 늘어나자 교회 주교들은 한 마리의 반려동물만을 키울 것을 당부하는 쪽으로 선회했다. 교회에 강아지를 안고 오는 신자들을 막을 수 없었음은 물론이었다.

중세 후반기 유럽에서 반려견을 키우는 것은 고귀한 취미였다. 사실 전반기까지만 해도 유럽의 반려견 문화는 암흑기였다. 이것은 두 가지 사회적 변화 때문이었다. 첫째는 로마제국이 멸망한 이후 사람들이 숲과 농촌으로 흩어져 살기 시작하면서 도시가 축소되었기 때문이다. 따라서 긍정적이든 부정적이든 도시의 귀족들을 중심으로 형성되었던 로마 시대의 다양한 애견 문화가 축소될 수밖에 없었다. 두 번째는 4세기 초 기독교의 국교화로 인해 동물, 특히 개를 바라보는 관점이 변한 것도 영향을 미쳤다. 그리스와 로마제국 시대에 개는 종종 신과 함께 등장해 신의 충성스러운 보호자로 등장하곤 했다. 하지만 기독교가 국교화된 이후에는 이와 같은 이교도적 관습이나 미신 행위가 적대시되는 것은 당연했다. 성경 속에 등장하는 개는 이기적이며 청결하지 못하다는 이미지를 가지고 있었기 때문에 초기 기독교 사회에서 개는 보호받지 못하는 동물이었다. 고양이도 마찬가지였다. 고양이에 대해서는 구약성경 바룩서 6장 21절 "그들은 신이 아니라는 것을 알게 될 것이다. 그러니 그들을 두려워하지 마라"에 단 한차례만 언급되어 있다. 이렇듯 기독교의 개와 고양이에 대한 이미지가 부정적이었기 때문에 중세 시대에 개나 고양이에 대한 이미지가 좋을 수 없었다.

인간과 긴밀한 관계를 맺기 시작하다

이러한 부정적 인식은 시간이 흐르면서 조금씩 변화된 것 같다. 몇 년 전 네덜란드 서부 라인강 하류에 위치한 우흐스트헤이스트^Oegstgeest 지역에서는 세 마리의 개와 말이 묻힌 무덤이 발굴되었다. 8세기경 것으로 추정되는 이 무덤에서 발굴된 뼈의 상태와 DNA를 분석한 과학자들은 재미있는 결론을 내놓았다. 그들에 따르면 이 개들이 모두 나이가 들어서 죽었으며, 살아 있을 때 학대받은 흔적이 없고 충분한 영양분을 공급받았다는 것이다. 또한 인간의 무덤 근처에 위치한 이 무덤이 상당히 공을 들여 만들어진 것으로 보아 중세 시대에 개들에 대한 대우가 좋았다고 결론 내렸다.

사실 8세기 정도에 이르러 애견 문화가 다시 조금씩 확산되기 시작했다. 유럽이 정치적으로 안정되고 점차 도시화가 진행되면서부터 개와 고양이 역시 증가했고 인간 생활과 긴밀한 관계를 맺기 시작한 것이다. 특히 개는 사냥이나 애완견으로서 고양이보다 인간과 긴밀한 관계를 맺을 수 있었다. 고양이 역시 집 안에서 길렀지만 이는 오로지 쥐를 잡기 위한 용도였고 개

1465년에 출간된 《시간에 관한 책》 중
귀부인과 사냥개의 모습

와 인간 사이에 존재했던 관계만큼은 아니었다. 따라서 중세 시대 개에게는 개별적으로 이름을 붙여주었지만, 고양이는 모두 공통적으로 쥐를 잡는다는 의미를 가진 무시오Musio 라고 불리곤 했다. 또한 고양이는 쥐를 주식으로 하는 동물이라는 인식 때문에 따로 밥을 주지도 않았다.

하지만 고양이는 흑사병(페스트)을 옮기는 쥐를 잡아주는 이로운 동물이었기에 귀하게 대우하기도 했다. 예를 들어 중세 아일랜드 법에 따르면 고양이 한 마리는 소 세 마리와 동등했다고 한다. 독일의 작소니Saxony 지역에서는 다 큰 고양이를 죽이면 곡물 60포대를 변상해야 했다. 곡물을 먹어치우는 쥐를 잡는 고양이의 역할을 중요하게 생각했기 때문이다. 고양이는 또한 수녀원과 수도원에 허용된 유일한 동물이었다. 반면 강아지를 기르는 것은 금지되었다. 이는 고양이들이 수녀의 마음을 빼앗지 않는 유일한 동물이라 생각했기 때문이다. 그리고 고양이가 강아지보다 손이 덜 타는 동물이었기 때문이리라 짐작해본다. 고양이는 또한 쥐로부터 성체를 보호해주는 것으로 생각되어 성당 출입도 보장되었다고 한다. 오늘날에도 영국의 엑서터 교회의 북쪽 수랑에는 고양이가 드나들 수 있는 구멍이 남아 있다.

곡식과 페스트의 원흉이라 여겨진 쥐를 잡아준다는 의미에서 고양이의 유용성은 컸지만 의외로 개만큼의 대접을 받지는 못했다. 사냥과 집을 지키기 위한 개의 활용성은 여전히 컸고 개가 주

는 이미지, 즉 주인에게 충실하고 헌신적이라는 이미지 때문에 개
는 좋은 대접을 받았던 것 같다.

정절과 용맹의 상징

중세 시대에 그려진 그림을 보면 개가 많이 등장하는데, 그림들
속에서 개는 정절을 은유적으로 표현하고 있다. 특히 많은 부부
의 초상화에는 신부의 무릎 위에 앉아 있거나 발아래 쪽에 그려지
곤 했다. 개는 통상적으로 신랑이 신부에게 선물하는 것으로 신부
의 남편에 대한 정절을 의미하거나, 과부의 경우에는 죽은 남편에
대한 정절을 말하기도 했다. 여자에게 정절을 요구하는 전형적인
남성 중심 사회의 모습이다. 때로는 임신을 원하는 부부의 희망을
나타내기도 했다. 당시의 초상화 그림을 보면 몇 가지 은유적인
물건들이 자주 등장하는데, 부의 상징인 과일이나 부부간의 정절
의 상징인 개가 대표적이다. 이는 우리나라의 민화에서 기러기를
정절의 상징으로, 원앙을 부부간의 금실로, 복숭아를 다산의 상징
으로 그려 넣는 것과 유사한 것이다.

개가 상징하는 긍정적 이미지 때문에 개는 종종 가문의 문장으
로도 자주 사용되었다. 중세 말과 르네상스 시기의 많은 귀족 가
문들은 가문의 문장이나 방패 휘장에 개를 그려 넣었다. 이것은

얀 반 에이크의 〈아르놀피니의 결혼〉

튜더 가문의 방패 휘장

용기, 의리, 충성, 경계 등을 의미한다. 기존까지 방패 휘장이나 문장에는 사자나 독수리와 같은 용맹한 동물이 등장하는 것이 일반적이었다. 그런데 방패 휘장에 개를 등장시킨 것은 개의 용맹성과 주인에 대한 충성심 혹은 주인의 보호와 같은 의미를 높이 산 것이다. 또한 중세 시대에 개가 귀족의 동물이었다는 점도 문장에 개를 사용하게 하는 데 기여했다. 중세 시대에 사냥은 귀족들의 독점적인 스포츠였고 궁정 에티켓의 일부였다. 어떤 사람이 사냥개와 함께 그려져 있는 것은 그 사람의 신분을 의미하기도 한다. 여러 독일 가문과 영국 가문들에서는 오늘날 비글의 원조일 것으로 추정되는 탤벗 도그를 문장으로 사용하곤 했다. 탤벗은 훌륭한 사냥개라는 의미를 가지고 있는데, 사냥이 스포츠이기도 했지만 용맹함을 보여주는 수단이었다.

개는 타고난 용맹성 때문에 전쟁에서도 군견으로 자주 사용되었다. 덴마크의 바이킹들은 전투에 나설 때 거대한 개를 데리고 다녔다고 한다. 9세기경의 어느 수도사는 다음과 같이 기도했다. "신이시여 바이킹과 그들의 무서운 개로부터 저희를 보호해주소서." 이 개는 400여 년 전 독일에서 개량되어 탄생한 그레이트 데인Great Dane의 원조로 알려져 있는데, '거대한 덴마크 개'라는 원어명은 아마도 여기에서 유래한 것 같다.

사냥문집 속 개 관리법

중세 시대에 개의 활용이 가장 두드러졌던 분야는 아마도 사냥이다. 당시에는 사냥이 매우 대중적 여가 활동이자 다양한 음식 재료를 얻기 위한 행위였다. 사람들은 채소보다 고기를 즐겼는데, 이는 흑사병으로 인해 인구가 줄어 농민들도 고기를 즐길 수 있을 정도로 풍부했기 때문이다. 또한 귀족들은 농민들이 먹던 돼지고기나 닭고기가 아니라 사냥을 통해 얻은 산토끼나 멧돼지를 먹는 것을 신분의 상징으로 여겼던 것 같다. 사냥이 대중적이었다고 해도

가스통 페뷔의 사냥문집 중 개를 돌보는 방법

귀족보다 고귀한 신분이었던 성직자들에게만큼은 사냥이 금지되어 있었다. 하인과 농민들 역시 당연히 사냥이 금지되었다. 트리엔트 공의회[7] 이후에는 사냥을 무조건 금지하지 않고 삼가라고만 적고 있지만 성직자들은 여전히 사냥을 즐겨하지 않았다. 성직자가 등장하는 그림에 사냥개가 좀처럼 나오지 않는 이유이다.

---

7 이탈리아 트렌토에서 1545년부터 1563년까지 18년 동안 세 차례에 걸쳐 진행된 종교 회의. 카톨릭과 신교 사이의 화해 목적이었으나 교황권의 승리로 끝남.

반면 귀족들이나 부자들은 자신들의 사냥개를 관리하는 하인을 따로 두기도 할 정도로 사냥개 관리에 공을 들였다. 13세기 말 프랑스의 가스통 페뷔 ^{Gaston Phébus} 는 각 사냥개의 견종별 특징과 돌보는 방법에 관한 《사냥 문집 ^{Livre de Chasse}》이라는 책을 출판했다. 이 책은 몇 년 후 영어로 번역되어 The Master of Game이라는 제목으로 출판되면서 사냥개에 대한 정보의 확산에 기여했다. 사냥개로는 특히 그레이하운드가 대중적이었는데, 가스통에 따르면 이 개는 집 안에서는 복종적이고 온순하지만, 사냥터에서는 겁이 없고 무자비한 덕성을 지녔다고 한다. 그는 또한 이 책에서 사냥개를 위한 케이지는 어떻게 만들어져야 하고, 평소 사냥견은 어떻게 관리되어야 하는지에 대해 자세히 서술하고 있다. 이러한 자세한 설명은 사냥개가 단순히 사냥을 위한 도구가 아니라 애정의 대상이었음을 보여준다.

아무리 막아서도 나는 기른다!

16세기 정도부터는 애완동물이라는 용어가 사용되기 시작했다. 이것으로 보아 훨씬 이전부터 애완견이라는 의미의 개 사육이 유행했던 것 같다. 언어는 사회적 산물이기 때문에 어떤 현상이 유행하면 새로운 용어가 탄생하기 마련이다. 사실 중세 후반기에 이르면 개를 키우는 행위가 귀족들뿐만 아니라 도시의 부유한 사람들 혹은 사회적으로 명성을 얻은 사람들 사이에서도 유행하기 시작한다. 이들에게 있어 개는 물건이 아니라 애정의 대상이었고, 부와 사회적 지위의 상징이었다. 특히 사냥개와 부유한 여인네들의 전유물이었던 애완견이 유행이었다. 10세기 이후 도시의 상인들이 부를 축적해 귀족들의 문화를 모방하면서 애견 문화가 확산되게 된 것이다. 이러한 분위기 속에서 13세기 과학자이자 철학자인 알베르투스 마그누스^{Albertus Magnus}는 《동물에 관하여 ^{On Animals}》라는 책을 통해 개를 돌보는 방법에 대해 자세히 기록하기도 했다.

중세 후반기에 개를 키우는 행위가 커다란 유행이었다는 사실은 이러한 행위에 대한 사회적 비판이 등장하기 시작했다는 점에서 알 수 있다. 당시의 많은 저작들은 사람들이 동물을 기르는 행위를 비판했다. 이는 너무나 경박한 일이고, 가난한 사람들에게 가야 할 음식을 낭비한다는 이유 때문이었다. 또한 라파엘 홀린세드 ^{Raphael Holinshed}는 《홀린세드 기록 ^{Holinshed Chronicle}》에서 귀부인들이 개를 가지고 노는 것은 멍청한 짓이며, 보다 고귀한 활동을 위한 시간을 빼앗는 행위라고 비판했다. 교회 기록에 따르면 수도사와 수녀들은 개나 고양이, 새 등을 길렀다고 한다. 성직자들이 개를 기르게 되면 하나님에게 헌신하는 데 방해가 되기 때문이다. 그래서 처음엔 개를 기르는 것을 전면 금지했지만 이후 이를 완전히 금지할 수 없어 교회 내에서만 기르지 않도록 조치했다. 수녀

지침서에 따르면 고양이를 제외한 어떤 동물도 길러서는 안 된다는 구절이 있는데, 꼭 길러야 한다면 다른 사람을 불편하게 하거나 해를 끼치지 않도록 해야 한다고 적혀 있다. 하지만 때때로 이러한 비판과 경고는 무시되었고 귀부인들이 스패니얼이나 털이 많은 작은 개를 데리고 다닐 정도로 유행은 퍼져나갔고 결국 신분과 계급을 넘어선 지배적인 문화가 되었다.

억울하게 마녀사냥당한 개와 고양이

이러한 개와 고양이의 유용성과 반려동물 문화의 확장에도 불구하고 중세 시대는 개와 고양이들에게 참으로 슬픈 시절이었다. 그들이 마녀사냥의 희생양이었기 때문이다. 1232~34년 교황 그레고리우스 9세는 검은 고양이를 악마의 화신과 동일시하고, 사탄이 반은 고양이 반은 사람의 모습을 하고 나타난다는 칙령을 발표했다. 검은색은 특히나 이교도적 색으로 연결되었다. 로마신화에서 검은색은 곡물과 수확의 여신인 케레스의 망토와 연계된 신성한 색이었으나, 중세에 와서는 악마의 색이 된 것이다. 이러한 검은 고양이에 대한 악마화는 아마도 당시 유럽이 벌이고 있던 십자군 전쟁[8]과도 관련이 있을 것 같다. 이슬람인들이 즐겨 입는 옷

8 이슬람과의 전쟁

수녀와 반려견

이 검은색이었고, 고양이는 이집트가 원산지이니 검은 고양이를 미워하는 건 어쩌면 당연한 일이었을지도 모르겠다. 사실 검은 고양이의 터부화는 고대 페르시아에도 존재했던 풍습이다. 페르시아가 이슬람화된 이후 민중 속에 남아 있던 풍습이 훗날 비잔틴 제국을 거쳐 유럽으로 들어간 게 아닐까?

14세기 초 도미니크 수도회⁹의 수도사인 아르놀드 드 리에 주^{Arnold de Liège}는 고양이가 쥐를 가지고 노는 모습을 악마가 인간의 영혼을 가지고 노는 것으로 묘사하는 그림을 그리기도 했다. 특히

고양이와 마녀화

중세 말기 유럽 인구의 3분의 1을 죽음으로 몰고 간 흑사병이 유행하자 고양이들은 대대적 마녀사냥의 희생양이 되었다. 쥐를 잡는 동물로서 식량을 지켜주고 전염병을 예방해준다고 믿었던 고양이가 흑사병이 유행해 사람들이 죽어나가자 오히려 마녀의 대리인으로 전락한 것이다. 사람들이 수백 명, 수천 명씩 죽어 나가는 상황에서 책임의 대상을 찾아야 했다. 그들이 탓하기 가장 쉬

---

9 1206년 에스파냐의 사제 성 도미노코에 의해 설립되어 1216년에 교황 호노리오 3세로부터 인가를 받았다. 로마 카톨릭교회 소속 그리스도교 수도회이다.

황소와 개 싸움

운 대상은 페스트를 옮긴다고 지목된 쥐를 잡지 못하는 고양이였다. 더군다나 고양이는 이슬람교도들의 동물이었으니 카톨릭의 유럽인들은 쉽게 설득당했을 것이다. 이렇게 해서 19세기 초까지 수백만 마리의 고양이들, 특히 검은 고양이들이 산 채로 화형에 처해지게 되었다. 이후 유럽에 순수 혈통의 검은 고양이는 남아 있지 않게 되었다. 아이러니한 것은 이렇게 대대적으로 고양이가 희생된 이후 흑사병이 더 유행하게 되었다는 사실이다. 인간의 우둔함과 집단적 히스테리가 스스로를 죽음으로 몰고 간 사례다.

개 역시 종종 마녀사냥의 희생양이 되곤 했다. 중세 초기엔 숲으로 숨어들어 떠돌던 개들이 광견병의 원인으로 지목되었고, 흑사병이 유행하던 5세기부터는 개들을 희생양으로 삼아 화형에 처하는 일이 빈번했다.

이뿐만 아니라 개들은 로마제국 시대와 마찬가지로 투견이나 곰 혹은 황소와의 싸움에서 희생되기도 했다. 중세 시대에 투견은 여전히 인기 있는 오락이었고, 이후에는 점차 황소나 곰 등 개보다 훨씬 크고 사나운 동물들과의 싸움으로 변화되었다. 19세기까지 전 유럽에 걸쳐 활발하게 이루어진 투견은 주로 사나운 마스티프 견종들에게 주어진 임무였다.

쳇바퀴 돌리는 키친 도그의 비애

근대 유럽

한번이라도 개를 가져본 사람은
개가 없는 삶이 훨씬 초라하다는 것을 안다.
- 딘 쿤츠

16세기 어느 날 영국의 한 가정집, 저녁 시간이 다가오자 가족들이 식사를 하기 위해 하나둘씩 부엌으로 들어섰다. 식탁에는 여주인이 가족들을 위해 준비한 빵과 수프가 푸짐하게 차려져 있다. 가족들은 감사 기도를 드리기 시작했다. 집주인의 잔잔한 기도 중 어디선가 계속해서 삐걱삐걱 소리가 들려왔다. 벽에 달려 있는 동그란 쳇바퀴에서 들려오는 소리였다. 안에는 아주 작은 강아지 한 마리가 열심히 제자리 뛰기를 하며 쳇바퀴를 돌리고 있었다. 쳇바퀴의 기다란 줄이 한쪽 구석에 마련된 벽난로 앞의 동그란 바퀴와 연결되어 있다. 벽난로 앞의 동그란 바퀴에는 쇠꼬챙이가 길게 연결되어 있고, 꼬챙이에는 메인 요리로 먹을 고기 덩어리가 끼워져

중세 유럽의 식탁 풍경

빙글빙글 돌아가고 있었다. 잠시 후 강아지는 힘이 들었는지 달리기를 멈췄고 삐걱삐걱 소리 역시 멈췄다. 강아지가 앉아 쉬고 있는 것을 발견한 여주인은 벽난로에서 조그만 숯덩이를 하나 꺼내 쳇바퀴에 넣었다. 열기에 깜짝 놀란 강아지는 다시 일어나 쳇바퀴를 돌리기 시작했다.

이 슬프고도 잔인한 광경은 19세기 초까지 영국의 대가족 가정집 부엌에서 저녁마다 반복되었던 일상적인 풍경이었다. 당시 중산계급들은 부엌에서 일하는 사역견을 가지고 있었는데, 이 개는 '쳇바퀴 돌리는 개'라는 뜻을 가진 턴스피트 도그Turnspit dog 혹은 키친 도그^{Kitchen dog}라 불렸다. 키친 도그는 한쪽 벽에 부착된 쳇바퀴 속에 들어가 열심히 제자리 뛰기를 하면서 쳇바퀴를 돌렸다. 마치 햄스터나 다람쥐처럼 말이다. 키친 도그는 주일이면 이 지겹고도 고된 강제 노동에서 해방되어 주인과 함께 교회에 가곤 했다. 그런데 주인이 키친 도그를 교회에 데려간 이유는 따로 있었다. 고된 노동을 한 개의 안식을 위해서가 아니라 예배를 보는 동안 자신의 발 위에 앉아 있게 함으로써 꽁꽁 언 발을 녹여주는 데 유용했기 때문이었다.

근대 유럽은 14세기 르네상스와 함께 시작되어 18세기 계몽주의를 통해 완성된다고 할 수 있다. 모든 것을 신 중심으로 사고하고 행동했던 사람들은 이제 세상을 인간 중심이라는 새로운 시각에서 보기 시작했다. 그렇다면 르네상스와 계몽주의는 동물을 바라보는 시각까지 변화시켰을까? 즉, 하나님이 자신의 형상에 따라 인간을 만들고, 이후 갖가지 동물들을 만들어 이들을 지배하게 했다는 신 중심의 중세 자연질서관 역시 변화했을까?

영혼 없이 움직이는 자동 기계

근대 이후 사람들은 신과 인간을 다른 관점에서 바라보기 시작했다. 하지만 동물은 여전히 어떤 형태로든 인간이 자유롭게 이용할 수 있는 존재였다. 키친 도그는 이러한 사고의 전형적인 모습이다. 뿐만 아니라 귀족 계층 사이에서는 16세기부터 이미 애완견의 개념이 등장했지만, 농민 혹은 중산계급이 키우던 개는 여전히 애완견 혹은 반려견과는 거리가 멀었다. 그들이 기르던 개들은 주로 목동견, 경비견, 키친 도그와 같은 사역견이었다. 즉, 중산계급 이하 사람들과 개의 관계에는 '애완' 혹은 '반려'라는 단어가 의미하는 감정이 이입되어 있지 않았다.

근대 유럽에서 개의 지위는 어떻게 보면 더욱 악화되었다. 이것은 르네상스 이후 신보다는 인간에 대한 관심이 늘어나면서 이제는 동물과 인간을 명확히 구분하려는 경향이 더욱 강해졌기 때문이다. 17세기 초 프랑스 철학자 데카르트는 "영혼이 없는 동물은 '자동인형' 혹은 '움직이는 자동기계'에 불과하다"고 주장했다. 키친 도그는 개를 '움직이는 자동기계'로 생각했음을 보여주는 증거다. 이처럼 중세에서와 마찬가지로 근대에도 역시 개는 인간의 필요에 의해 이용되는 인형이라는 인식이 강했다. 게다가 18세기에 탄생한 계몽주의는 인간의 이성을 강조했기 때문에 이성을 가지지 못한 동물은 그저 기계장치에 불과하다는 데카르트의 주장에 힘을 실어주었다. 이러한 분위기 속에서 개나 고양이에 대한 애정은 애초에 불가능했는지도 모른다. 오늘날처럼 장난감 덕질을 하는 사람은 없었을 테니까.

하지만 근대 유럽에서도 귀족들과 상류층은 여전히 애정을 가지고 개들을 잘 대우했다. 먼저 중세 시대에 이어 사냥과 같은 고상한 취미를 위해 사냥개들을 잘 관리했다. 많은 귀족 가문의 여인들은 비록 신분을 과시하기 위한 것이었겠지만 개들을 애완견으로 데리고 다녔다. 그런데 이런 좋은 대우의 이면에는 또 다른 배경이 있다. 14세기 성직자였던 토마스 아퀴나스는 인간은 유일한 도덕적 존재이기 때문에 동물을 잘 보살피는 것은 자기 자신의 품성을 함양하는 것이라고 설파했다. 귀족들이 개를 잘 대우했던 것은 오늘날 동물 복지론자들이 이야기하는 것처럼 동물도 도덕적 지위를 가진다고 생각했기 때문이 아니라, 어쩌면 귀족이라는 명분으로 가지게 된 도덕적 우월감 때문이었던 것 같다. 19세기 독일의 계몽주의 철학자 칸트조차도 동물의 도덕적 지위에 대

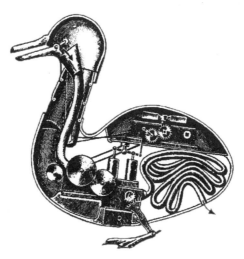

데카르트가 생각하는 동물 개념도

한 관심 때문이 아니라, 동물에 대한 자비로운 감정이 인간에 대한 자비로운 감정을 계발해준다고 설파했다. 즉, 동물을 잘 돌보면 자기 자신이 도덕적 인간이 된다는 것이다. 철저한 신분제 사회 속에서 귀족 등 상류층 사람들은 개를 잘 돌봄으로써 자신들이 하층계급 사람들과는 다르게 도덕적 우월성을 가지고 있다는 것을 보여주고자 했던 게 아닐까.

상류층의 도덕적 자기만족이나 우월 의식과는 별개로 근대 유럽에서도 개와 고양이는 여전히 학대의 대상이었다. 그리스 – 로마 시대에 활발했으나 중세 시대에는 종교적인 이유로 금지되었던 해부학이 르네상스 이후로 다시 활기를 띠었다. 그러나 사람의 시신 해부에 대한 교회의 여전한 반대 때문에 살아 있는 동물 해부가 대안으로 제시되었다. 17세기 프랑스의 포르 루아얄^{Port Royal} 수도원에서는 데카르트의 신봉자들이 살아 있는 동물을 산 채로 해부하는 일이 잦았다고 한다. 동물 해부의 대상으로는 원숭이, 말, 쥐뿐만 아니라 개와 고양이도 포함되어 있었음은 물론이다. 동물들이 인간의 지식 탐구 욕망의 무기력한 희생양이 된 것이다.

투견 역시 귀족들 사이에서 지속적으로 유행했다. 중세 이후 투견은 개보다 몸집이 크고 사나운 황소 혹은 곰과 싸우는 형태로 변화했다. 아마도 흥미의 극대화 때문이었을 것이다. 근대 유럽에서도 이러한 형태는 유행했지만 19세기 중반 이후부터는 점차 줄어들게 되었다. 그런데 이런 현상은 1835년 영국에서 동물학대 행위가 불법이 되고 곰과 황소의 가격이 비싸졌기 때문이다. 따라서 곰이나 황소 대신에 개끼리 싸우는 투견이 대안으로 떠올랐다. 이후 다양한 투견용 개들이 사육되고 미국 등으로 수출되기도 했다.

잘 알려지지 않은 사실이지만 근대 초 유럽의 일부 지역에서는 심각한 기근이 들었을 때 개와 고양이를 먹기도 했다. 이탈리아에 '파도바 사람들은 훌륭한 의사이고, 베네치아 사람들은 신사이며, 베로나 사람들은 모두 미쳤고, 비첸차 사람들은 고양이를 먹는다'

포르 루아얄 수도원

《네 발 달린 동물의 역사》에 등장하는 개 삽화

는 전래동요가 있는 것을 보면 단순한 풍자만은 아니었을 게다. 또한 에드워드 톱셀Edward Topsell 은 《네 발 달린 동물의 역사History of Four Footed beasts 》에서 스페인과 프랑스 남부에서는 고양이를 먹는 일이 종종 있었다고 적고 있다.

단독으로 그려지기 시작한 개의 초상

하지만 이러한 한계에도 불구하고 애견 문화가 중산층 이하로 점차 확대된 것 또한 사실이다. 중산층의 애견에 대한 인식은 18세기에 시작되어 19세기에 정착되었다. 근대 유럽의 예술작품에서 그 흔적을 찾을 수 있는데 이전 시기와는 달리 개가 단독으로 작품의 소재가 되었다. 개가 인간과 함께 그려졌을 때는 인간에 대한 헌신이나 복종을 의미하지만, 단독으로 그려졌을 때는 그 자체의 아름다움이나 기억의 의미를 담는다. 즉, 주인이 자신의 반려견의 아름다움을 남기고 싶어 그림을 그리거나 의뢰했을 가능성이 높다. 요즘 사진관에서 자신의 개나 고양이의 모습을 찍어 소장하려는 마음과 유사하지 않을까? 자신의 개를 단순한 물건이 아니라 반려견 즉 가족 구성원으로 바라보기 시작한 것이다.

19세기 단독으로 그려진 개의 초상

세계 최초의 동물학대 방지법

중산층의 애견에 대한 인식이 변화하면서 19세기에는 유럽의 애견 문화가 비로소 꽃피우기 시작했다. 그것은 1822년 '가축의 부당한 취급 방지를 위한 법률' 제정과 함께 시작되었다. 영국에서 세계 최초로 제정된 이 법을 시작으로 동물학대 방지를 위한 각종 법률이 제정되었고 유럽 대륙에도 영향을 주었다. 그 결과 1850년 프랑스에서 그라몬법이, 1871년 독일에서 동물학대자 처벌법이 제정되었다. 이러한 노력은 20세기에도 이어져 다양한 분야에서 동물보호를 위한 법이 제정되는데 밑거름이 되었다. 이러한 동물 보호법 역시 계몽주의의 영향으로 볼 수 있다. 비록 동물을 기계 론적 관점에서 바라보기는 했지만 계몽주의는 이성에 의거한 도 덕적 행위라는 윤리학을 제시했다. '인생은 선을 행하기 위해 만들어졌다'고 외치는 칸트의 윤리학은 당시까지 만연했던 동물학대 를 윤리적 관점에서 바라보게 만들었다고 할 수 있다. 따라서 당시의 동물보호법은 비이성적 존재인 동물에 대한 인간의 도덕적 우월 감정에서 탄생했다고 할 수 있다.

19세기 유럽의 애견 문화에서 빠질 수 없는 것은 도그 쇼의 탄생이다. 도그 쇼가 열린다는 것은 애견 문화가 점차 비즈니스화 되고 있다는 것을 의미한다. 1859년 영국 뉴캐슬에서는 소 박람회 행사 중 최초로 근대적 의미의 도그 쇼가 열렸다. 이 도그 쇼에는

1891년 크러프트 도그 쇼

세터^{Setter}와 포인터^{Pointer} 등 사냥개 견종들만 참가했는데, 이후 버밍햄 도그 쇼에서는 논스포팅 그룹[10]까지 참가하면서 도그 쇼가 더 커졌다. 버밍햄 도그쇼협회 주관으로 열린 1860년 도그 쇼에는 약 700마리의 견종이 참가했고, 2만 명 이상의 유료 입장객을 끌어모을 정도로 인기를 얻었다. 도그 쇼의 인기는 애견용 사료 산업의 등장도 가져왔다. 1860년 런던에서는 스프랫사가 강아지용 비스킷을 선보여 선풍적인 인기를 끌자 유사한 강아지용 사료 제조업자들이 속속 등장했다.

이것은 개를 키우는 것이 일부 귀족층에만 한정된 것이 아니라

---

10 대형이며 튼튼한 육체를 특징으로 삼는 개들을 일컫는 말.

점차 대중적이 되어가고 있음을 의미했다. 3년 후 열린 도그 쇼는 일주일 동안 10만 명의 관객을 끌어모으며 성대하게 개최되었다. 그리고 이러한 인기를 바탕으로 1873년에는 영국 켄넬클럽이 창설되었다. 한편 스프랫사에서 근무했던 찰스 크러프트는 도그 쇼의 비즈니스적 잠재력을 확인하고 1878년 파리 엑스포 기간 중 도그 쇼를 운영한 경험을 바탕으로 1891년에는 자신의 이름을 딴 크러프트 도그 쇼를 개최하게 되었다. 이 도그 쇼에는 영국의 빅토리아 여왕도 자신의 포메라니안 여섯 마리를 출진시켰다. 기존 도그 쇼에는 주로 왕족이나 귀족들이 참가했다면, 크러프트 도그 쇼는 중산계급이나 노동계급까지 참가한 최초의 대중적 도그 쇼였다. 사망할 때까지 고양이 쇼를 포함해 총 45회의 도그 쇼를 개최한 크러프트는 도그 쇼계의 대부로 알려지게 되었다. 오늘날 영국 켄넬클럽이 운영하는 크러프트 도그 쇼는 바로 그의 유산이라고 할 수 있다.

신이 정해준 운명

북아메리카

사람의 영혼은 개를 대하는 모습으로 알 수 있다.
– 샤스 도런

아주 먼 옛날 신은 지구상의 모든 동물들을 다 불러 모았다. 인간을 창조하기 전에 인간의 반려동물이 될 동물을 정하기 위해서였다. 신은 동물들에게 인간을 어떻게 대할 것인지를 물었다. 몇몇 동물들은 인간들이 서로 싸우기 때문에 서로 떼어놓을 것이라고 대답했다. 또 어떤 동물들은 인간들의 음식을 훔쳐먹기 위해 인간들 근처에 살겠다고 대답했다. 마지막으로 개에게 물었다. "너는 인간을 어떻게 대할 것이냐?" 개가 대답했다. "저의 유일한 희망은 인간과 함께 사는 것입니다. 저는 그들과 음식을 나누고, 그들이 사냥하는 것을 돕고, 그들의 아이들과 재산을 지킬 것입니다." 개는 마지막으로 덧붙였다. "설사 목숨을 잃는다 할지라도 그렇게 할 것입니다." 개의 대답에 감동한 신은 개를 인간의 반려동물로 정했다.

이 이야기는 북아메리카 인디언들 사이에서 전해내려오는 전설이다. 이 전설에 따르면 개는 신이 정해준 인간의 반려동물이 된다. 북아메리카 지역에는 개에 관한 수많은 부족들의 전설이 전해내려오고 있다. 이 전설들은 대부분 개와 인간이 어떻게 친구가 되어 함께 살게 되었으며, 개는 인간에게 어떤 의미인지 이야기한다. 비록 몇몇 부족들은 개를 방탕함과 외설의 상징으로 여겼지만, 대부분은 긍정적으로 생각했다.

유럽인들이 도착하기 전 미국과 캐나다에 살던 사람들, 즉 북아메리카 인디언들이 개와 어떤 관계 속에서 살아왔는지는 명확하지 않다. 그들은 약 2만 5천 년에서 1만 년 전 사이 아시아로부터 베링해를 거쳐 아메리카 대륙에 도착해 정착한 사람들이다. 같은 이주자들이었지만 하나의 국가를 건설해 단일한 문명을 형성했던 중남미 인디언들과는 다르게 수천 개의 부족으로 흩어져 부족 생활을 했다. 광대한 지역에 흩어져 살다보니 같은 인디언이라고 하지만 각각의 문화는 확연히 달랐다. 언어 역시 3000개가 넘었고, 대부분은 하나의 완성된 문명으로서 기록물을 남기지도 못했다. 이 지역에 도착한 유럽인들이 원주민들을 학살하거나 추방하고 국가를 건설하는 바람에 원주민 문화의 흔적들이 대부분 지워졌고 잘 알려지지 못했다.

이 지역에 살던 인디언 부족들의 애견 문화는 자연, 식물, 동물 등을 숭배하는 토테미즘과 이에 관한 구전된 신화나 전설, 민담 등을 통해 유추할 수 있다. 또한 고고학적 발굴을 통해 발견된 개들의 뼈나 도자기, 장신구, 동굴에 그려진 벽화 등을 통해서도 이 지역 원주민들과 개의 관계를 흐릿하게나마 파악할 수 있다.

태양신이 정해준 반려동물

개와 관련된 또 다른 전설 역시 개가 신에 의해 창조된 인간의 반려동물이라는 것을 이야기해준다. 태양신이 인간을 창조하기 이전에 존재했던 인간들은 악하고 이기적이어서 항상 서로 싸웠다. 이를 못마땅하게 여긴 태양신은 홍수를 일으켜 이들을 모두 죽여 없애고 새로운 세상을 만들려 했다. 신은 먼저 남자를 만들고 여자를 만들었다. 세 번째로는 인간과 반려할 수 있는 개를 만들었다.

북아메리카 신화에 따르면 인간이 개와 함께 살게 된 것은 신의 섭리였다. 즉, 북미의 인디언들은 개를 존중하고 당연한 동반자로 받아들였다. 사실 개들이 인디언들의 삶에서 중요한 사회적, 경제적 역할을 수행한 것도 그 이유 중 하나일 것이다. 식민화되기 이전의 북아메리카에는 개 이외에 가축화된 동물이 없었고 목동견은 아예 존재하지도 않았다. 하지만 수렵과 채집 생활을 했던 원주민들에게 있어서 개는 사냥이나 획득한 무거운 포획물을 옮기는 데 유용했다. 또한 남겨진 가족과 재산을 보호하는 데도 유용했을 것이다.

다른 대륙에서와 마찬가지로 때때로 종교적 역할도 수행했다. 미국 남서부 지역의 선사시대 무덤에는 수백 구의 개 유골이 발굴되었는데, 이는 개가 북미 원주민들의 영적 믿음에서 중요한 역할을 수행했음을 말해준다. 개의 유골은 어른이나 어린아이 옆에 각종 장신구와 함께 정성스럽게 쌓인 채 발굴되었는데, 이는 아끼던 애완동물을 함께 묻는 형태는 아니었다. 북미 지역은 계급 분화가 발달되지 않았기 때문에 상류층이 취미 생활로 애완견을 기르지는 않았다. 그렇다면 개를 죽은 사람과 함께 매장하는 것은 다른 의미가 있었을 것이다. 발굴에 참여했던 도디 푸게이트 Dody Fugate 는 신대륙의 남서부에서 개는 사람들이 사후 세계로 가는 길을 인도하는 역할을 하는 데 사용되었다고 주장한다. 이것은 앞서 이야기했던 이집트나 메소포타미아 지역에서 개가 사후 세계와 연결되어 있다는 믿음과 유사하다. 그녀가 발굴한 700여 구의 유골은 대다수가 집단적으로 매장되거나 죽은 사람과 함께 매장되어 있었다. 하지만 이러한 매장 풍습은 1400~1500년대 사이에 사라졌는데, 이는 플레블로와 나바호 같은 부족들이 개를 묻는 것은 의미가 없다고 믿었기 때문이다.

쓰임이 많았던 북아메리카의 개들

북미 지역에서도 개는 때때로 음식으로 소비되었다. 하지만 모든 인디언 부족들이 이러한 풍습을 가지고 있었던 것은 아니다. 주로 북쪽에서 남부로 내려오는 중부의 대평원 지역에 거주했던 샤이엔족, 다코타족, 키카푸족, 라코타족 등이 그랬다. 또한 개고기의 소비는 일상적인 것이 아니었고 기근이 들었을 때 대체 식량으로써 소비되었을 뿐이다. 개를 먹는 것은 가슴 아픈 일이지만 당시에는 오늘날과 같은 동물권이나 동물복지에 대한 개념이 없었고, 개를 먹는다는 것은 그들에게는 하나의 생존 수단이었다. 1800년대 메리웨더 루이스^{Meriwether Lewis}라는 탐험가가 동부에서 서부로 여행하면서 적은 일기를 보면 미국의 북서부 지역 인디언들은 축제 때 개고기 요리를 먹었던 것으로 기록되어 있다. 그런데 왜 하필 축제 때 개고기를 먹었을까? 축제 때 개고기를 먹는 풍습은 세계 여러 나라에서 종종 나타난다. 아마도 이는 죽은 사람을 저승으로 인도하는 개의 역할과 관련되어 있지 않을까? 개고기를 먹는다는 행위는 혹시 저승으로 인도하는 매개자를 없애버리는 의식이 아니었을까? 흥미로운 것은 이 여정에 참여했던 백인들도 인디언의 전통에 참여했던 것으로 기록되어 있다. 그는 자신의 개와 인디언들이 먹었던 개의 차이까지도 기술해놓았다. 묘사에 따르면 인디언들이 먹었던 개는 특정 종이었을 것이라 유추할 수 있다.

북아메리카 인디언들의 애견 문화에서 특이한 것은 이 지역 개의 털이 직물을 짜기 위해서도 이용되었다는 사실이다. 1792년에 조지 밴쿠버 선장이 남긴 기록에 의하면 워싱턴주와 브리티시 콜롬비아 서부 해안에 사는 부족이 길렀던 개에 대한 이야기가 나온다. 식민지 시대에 멸종된 이 개는 털이 풍성한 살리시 울 도그^{Salish} ^{wool dog}로 아주 큰 포메라니안 같았다고 한다. 이 개의 풍성하고 긴 털은 직물을 짜기 위한 원료로 이용되었다. 그리고 이렇게 개들이 가지는 경제적 가치 때문에 원주민들로부터 사냥개보다 좋은 대우를 받았던 것 같다.

북미 지역에서 개는 16세기에 말이 도입되기 전까지 주요한 운

직물 짜는 인디언과 개의 모습

송 수단이었다. 농사에도 이용했던 것으로 보인다. 소나 말 등 유럽이나 아시아에서 주요 운송 수단으로 사용했던 동물들이 이곳에서는 아직 가축화되지 않았기 때문에 개가 유일한 운송 수단이 될 수밖에 없었을 것이다. 말은 스페인인들이 들여오기 시작하면서 운송 수단이 되었다. 운송을 위한 개는 대체로 크기가 큰 다코타족의 개들로 두 개의 막대로 연결된 수레를 끌었다. 이 개들은 오늘날 북미대륙에서 운송용으로 사용하는 아메리칸 에스키모, 알래스칸 허스키, 말라뮤트 등과 같은 개들과는 다른 견종이다.

한편 북미의 여러 인디언 부족들은 개를 명예의 상징으로 여기기도 했다. 그들에게 있어서 개는 보호자임과 동시에 충성의 상징이었다. 이렇기 때문에 케이엔 부족은 자신의 부족 공동체와 영토를 지켜준다는 의미를 담아 '개 같은 군인'이라고 부르는 전사 집단을 가지고 있었다.

식민화 이전의 북미 대륙에는 지금은 멸종된 다양한 견종들이 존재했던 것 같다. 대표적으로 코요테와 체형과 털이 닮았던 캐나다 북부의 해어 인디언 도그, 오늘날의 워싱턴 지역의 살리시 울 도그, 탈탄 부족들이 곰 사냥을 위해 키웠던 커다란 덩치의 탈탄 베어 도그Tahltan Bear Dog 와 같은 견종들이 있었다. 하지만 이 개들은 정복자들이 가지고 들어온 유럽의 개들과 교배되고 개량되면서 완전히 사라졌다. 오늘날 남아있는 인디언 원주민 개라고 알려진 네이티브 아메리칸 도그Native American Dog 는 사실 정복자들이 가져온 개와 코요테의 교배에 의해 탄생한 것으로 정통 인디언 개라고 할 수 없다.

이 지역에서는 고양이의 가축화도 일찍부터 시작된 것처럼 보인다. 고양이는 약 1만 년 전 이집트에서 가축화된 것으로 알려져 있지만 최근의 연구에 의하면 아메리카 원주민들도 고양이를 길들였을 수 있다고 한다. 1980년대 세인트루이스 북서쪽 일리노이에서는 인간의 유골이 안치된 고분이 발굴되었는데, 인간의 유골 주위로 개의 뼈로 추정되는 동물의 유골도 발굴되었다. 나중에 밝혀진 바에 의하면 이것은 개가 아니라 4~5개월 어린 살쾡이의 뼈였다고 한다. 이 살쾡이는 조개껍데기로 만들어진 목줄을 하고 있었다. 목줄은 고양잇과에 속하는 이 살쾡이가 집고양이처럼 집에서 살았음을 이야기해준다. 이것이 당시 모든 살쾡이들이 길들여졌다는 것을 의미하는 것은 아니다. 하지만 수천 년 전에 적어도 길들여진 살쾡이가 존재했음을 의미한다.

인류는 개로부터 시작됐다?!

중남미

당신의 얼굴을 핥아주는 강아지만 한 정신과 의사는 없다.
– 벤 윌리엄스

하늘에 첫 번째 태양이 나타났다. 데스카틀리포카가 지배하는 세상에는 거인들이 살고 있었다. 그러다 어느 날 재규어들의 공격으로 거인들이 모두 죽고 세상은 파괴되고 말았다. 파괴된 세상에 두 번째 바람의 태양이 나타났다. 케찰코아틀이 지배하는 두 번째 태양의 시대는 엄청난 돌풍이 일어 세상이 파괴되고 살아남은 사람들은 모두 원숭이가 되었다. 세 번째 태양은 불의 태양이었다. 비와 풍요의 여신 틀롤락이 다스리던 세 번째 태양의 세상은 하늘에서 불꽃이 내려 파괴되었다. 강과 호수의 여신 찰치우틀리쿠에가 다스리는 세상에 갑자기 대홍수가 일었다. 세상은 모두 파괴되고 사람들은 물고기가 되었다. 데스카틀리포카는 남자 하나와 여자 하나에게 통나무를 파고 들어가 아무것도 먹지 말라고 하고 옥수수 두 알만을 주었다. 홍수가 그치고 땅에 닿아 통나무에서 나온 남녀는 너무 배가 고팠다. 배고픈 남녀는 아무것도 먹지 말라는 데스카틀리포카의 말을 무시하고 생선을 잡아먹었다. 하늘에서 이 광경을 지켜본 데스카틀리포카는 자신의 말을 무시한 남녀에게 너무 화가 났다. 이윽고 지상으로 내려와 두 남녀의 머리를 잘라 개로 만들어버렸다.

중남미의 개는 바로 이렇게 탄생했다. 아즈텍 신화에 나오는 남녀는 우리 단군신화 속의 곰보다도 참을성이 없었나보다. 배고픔을 참지 못하고 결국 개가 되었으니 말이다. 그런데 두 남녀를 죽여 개로 만들었다는 것은 인간과 개가 어떤 형태로든 긴밀하다는 게 아닐까?

중남미의 마야, 아즈텍, 잉카문명은 오늘날까지 인류사의 수수께끼로 남아 있다. 이것은 16세기에 이 지역에 도착한 스페인 정복자들이 문명의 흔적을 철저히 파괴해 역사에서 지워버렸기 때문이다. 그들은 유적뿐만 아니라 고문서들까지 모두 불태워버려 이들의 문명을 형성했던 사람들은 누구이고, 어떻게 거대한 문명을 형성하게 되었는지조차 아직 명확히 밝혀진 것이 없다. 기원전 3000년에서 기원후 16세기까지 이어진 시대와 장소는 다르지만 마야문명을 '어머니 문명'이라고 한다면, 아즈텍과 잉카문명은 일종의 '자식 문명'이라 부를 수 있다.

마야인들은 천문학, 수학, 건축술 등이 워낙 뛰어나 그들이 아마도 외계인일지 모른다는 다소 황당(?)한 주장도 있다. 한때 유행했던 '2012년 12월 21일 인류 종말론' 역시 미스터리한 마야문명의 창조 신화에서 나온 것이다. 스페인 정복자들에 의해 문명이 파괴되었지만 스페인인들이 기록한 창조 신화를 담은 고문서 포폴 부흐Popol Vuh가 부분적으로 남아 있고, 고고학적 발굴, 벽화, 스페인 정복자들이 기록한 자료 등을 통해서 이 지역의 문명을 추정해 볼 수 있다. 이에 따르면 아시아와 아메리카 대륙이 붙어 있던 시기(기원전 1만 5천~2만년) 몽골족이 시베리아와 베링해를 거쳐 중남미 지역으로 이주해 세 문명을 만들었다는 것이 정설이다. 고고학자들은 개 역시 이 시기에 그들을 따라 아시아에서 베링해를 건너왔을 것으로 추정하고 있다.

창조 신화에 등장한 케찰코아틀과 옥수수 인간

개와 관련해 중남미 지역이 다른 지역과 다른 특이한 점은 창조 신화에서부터 개가 많이 등장한다는 점이다. 그리스신화처럼 신들이 개를 데리고 다니는 동물 중 하나로 등장한 경우는 있어도 창조 신화에서 개가 등장하는 경우는 거의 없었다. 아마도 선조격인 북방 문명을 일군 사람들이 늑대 숭배 문화를 가지고 있었기 때문이 아닌가 싶다. 포폴 부흐에는 신이 인간을 창조하는 과정이 묘사되어 있는데, 창조주인 케찰코아틀은 나무로 인간을 만들었는데, 이 나무인간은 영혼이 없어 개에게 먹이를 주지 않았다고 한다. 이에 화가 난 개가 인간을 물어뜯어 죽였고, 살아남은 나무 인간들은 원숭이로 변했다. 인간이 다 사라지자 케찰코아틀은 다시 옥수수로 인간을 만들었고 이것이 오늘날의 인간이다.

포폴 부흐는 여러 가지 버전이 존재하는데, 또 다른 포폴 부흐에 따르면 한 쌍둥이 형제가 인간을 적대시하는 종족이 살고 있는 지하 세계 시발바의 신이 소유했던 개를 죽였다가 다시 살려내는 마법을 보여준다. 지하 세계의 통치자가 경탄을 하며 인간도 죽였다가 살려보라고 하자 쌍둥이 형제는 또다시 인간을 죽였다가 살려내게 된다. 이에 경탄한 지하 세계의 신들은 자신들도 그렇게 해보라고 했다. 하지만 쌍둥이 형제는 지하 세계의 신들을 죽이고는 그들을 다시 살려내지 않았다. 이렇게 해서 인간들이 땅에 살 수 있게 되었다는 이야기다.

창조 신화에서부터 개가 언급되었을 만큼 중남미에서는 오랜 세월 동안 개가 그들의 삶에서 중요한 위치를 차지했을 것이다. 자료가 거의 남아 있지 않기 때문에 이들 문명에서 애견 혹은 반려견의 개념을 발견하기는 어렵지만 중남미 지역에서도 개는 집을 지키거나 라마 떼를 모는 가축으로 이용되거나 사슴 사냥에 유용하게 이용되었다. 특이한 점은 중남미 지역에서는 고대 근동 지역이나 그리스,

털이 없는 졸로이츠퀸틀리

로마에서 그랬던 것처럼 전쟁에는 이용되지 않았다는 것이다. 이는 이 지역의 개가 대부분 군견으로 사용하기에는 적당하지 않은 중간 정도 크기였기 때문인데 자료에 의하면 이 지역에는 중간 정도 크기의 개인 이츠퀸틀리, 털이 없는 졸로이츠퀸틀리, 멸종된 짧은 다리를 가진 트랄치치 등 크게 세 가지 종류의 견종이 있었다고 한다. 유럽이나 근동 지역에서 그랬던 것처럼 전쟁에 이용되었던 마스티프와 같은 사납고 큰 견종은 16세기 스페인인들과 함께 들어온 것이다. 스페인의 정복자인 바스코 누네즈Vasco Núñez 는 원주민들과의 전투에서 300파운드나 되는 마스티프가 적들을 물어 죽이게 하고 심지어는 시체를 먹게 했다고 한다. 레온치토Leoncito 라고 불린 그의 개는 어떤 스페인 군인보다 효과적이었다고 전해진다.

식량 부족으로 시작된 개고기 문화

중남미 지역의 애견 문화에서 두드러진 특징은 개가 중요한 단백질 공급원이었다는 점이다. 유카탄반도 벨리즈의 콜하 유적지에서는 기원전 1만 2천 년에서 기원후 120년경으로 추정되는 시기의 인간 거주지에서 개의 잔해들이 다수 발견되었다. 특히 발뼈와 이빨이 다른 어떤 부위보다 많이 발견되었다. 이렇게 개의 뼈가 완전한 유골 형태로 발굴되지 않은 것은 개가 음식으로 소비되었음을 의미한다. 때때로 개는 별미로 결혼이나 장례식과 같은 행사에서 먹었다고 전해진다. 발굴된 뼈를 분석한 결과 이 개들은 한 살 이전에 도살되었고, 어린 새끼의 뼈는 발굴되지 않았다. 또한 살이 찔 때까지 개들은 거세당하고 옥수수를 사료로 먹은 것으로 밝혀졌다. 고고학 자료에 의하면 테오티우아칸 지역은 전체 고기 소비의 10퍼센트가량이 개고기였다고 한다.

이 시기 멕시코의 유카탄 지역에서 개는 1차적 단백질 공급원은 분명 아니었다. 그러나 고고학적 증거에 따르면 개고기는 마야인들의 중요한 음식 중 하나였다. 콜하 유적지에서 발굴된 뼛조각에 따르면 흰 꼬리 사슴이 마야인들의 육류원의 50퍼센트 이상을 차지하는 것으로 나타난다. 하지만 마야문명의 엘리트들이 축제 기간 동안 개를 먹은 것은 확실하다. 개들은 축제 기간 동안 스튜나 바비큐 형태로 소비되었다. 때때로 뼈를 조각내고 으깨서 골수를 먹기도 했다. 하지만 원주민들만 개를 먹었던 것은 아니다. 기록에 따르면 아메리카 대륙의 정복자인 코르테스 역시 개고기를 즐겼다고 한다. 특히 털이 없는 졸로이츠퀸틀리 견종을 먹었다고 전해진다.

마야의 해변 지역에 살던 사람들에게 있어서도 개는 중요한 단백질 공급원이었다. 개는 빠르게 개체를 늘릴 수 있는 유일한 동물이었다. 개를 번식하고 가축으로 기르는 것은 힘든 일이 아니었기에 손쉽게 육류를 섭취할 수 있는 유일한 동물이었던 것이다. 물고기나 다른 동물들은 음식원으로써 개만큼 믿음직스럽지 못했다. 왜냐하면 물고기나 다른 동물들을 잡아 섭취하려면 많은 시간과 에너지가 필요했기 때문이다. 하지만 유사한 문명권이었던 잉카문명을 구성했던 사람들이 개를 먹었다는 기록은 없다. 이것은 주로 바닷가 주변에서 발달한 마야문명과는 달리 상대적으로 사냥할 동물이 풍부한 산간 지역에서 발달한 잉카문명의 특성 때문일 것이다.

한 가지 이상한 것은 이들의 선조인 몽골이나 시베리아 북방민족들은 개고기를 먹지 않았다. 아마도 수천 년 동안 남쪽으로 이동하면서 식량이 부족해졌고 때문에 자연스럽게 형성된 문화인 것 같다.

중남미 지역에서 개의 기능은 시간이 지남에 따라 음식에서 점차 종교 혹은 의례의 상징으로 변화되어갔다. 이 지역에는 수많은 피라미드가 남아 있는데, 이것들은 왕의 무덤이었던 이집트의 피라미드와는 달리 신에게 제사를 지내기 위한 시설이었다. 아즈텍인들은 이곳에서 신에게 제사를 지낼 때 살아 있는 사람을 제물로 바치곤 했다. 그들에게 전쟁은 제물로 바칠 포로를 사로잡는 신성한 행위였다. 하지만 창조와 태양의 신 쿠쿨칸(케찰코아틀)을 섬겼던 마야문명에서는 인신공양을 하지 않았다. 그런데 이후 아즈텍 문명을 완성한 사람들이 섬겼던 케찰코아틀과 전쟁의 신 데스카틀리포카가 서로 싸우게 되는데 케찰코아틀이 패해 쫓겨나자 인신공양이 대대적으로 유행하게 된 것이다. 케찰코아틀이 다시 돌아올 것을 예고했기 때문이다. 16세기 스페인 정복자들이 이 지역에 도착했을 때, 그들을 케찰코아틀로 알고 환영하다가 몰살당하게 되었다는 이야기도 있다.

횃불을 운반하는 죽음의 신

아즈텍 문명보다 앞선 마야문명에서는 인간보다는 개가 종교적, 의례적 제물로 사용되었다. 동서양을 막론하고 개는 악령을 쫓아 가정을 지키고 이승과 저승을 잇는 매개자였다. 우리나라와 중국을 포함한 동양뿐만 아니라 고대 이집트에서도 그랬고 메소포타미아에서도 그랬다. 흥미로운 것은 중남미에서도 동일했다. 죽은 사람이 물(요하)을 건너 사후 세계에 도착할 수 있도록 인도하는 존재였다. 어떤 이유에서든 개는 죽음과 연계되고 인간을 지

개를 닮은 졸로틀 신

하 세계로 이끄는 일을 하는 일종의 사신과도 같은 동물이었다. 마야문명 신화에서 죽음의 신은 졸로틀^{Xolotl}인데, 졸로^{Xolo}는 개를 의미한다. 고전기 시대 마야의 항아리들에 그려져 있는 지하 세계의 모습에는 개가 그려져 있다. 따라서 이 시기의 무덤에는 죽은 사람의 시체와 함께 개가 묻혀 있는 모습이 자주 발견되곤 한다. 개를 죽였다가 다시 살려낸다는 쌍둥이 영웅의 이야기는 개를 인간의 부활과 연계시킨 것이다.

망자를 위로하고 어둠을 밝힌다

중남미의 고대 문명에서 죽은 사람을 저승으로 인도하는 개는 종종 검은색으로 묘사되곤 한다. 멕시코에서는 오늘날에도 이웃의 곡식을 빼앗는 사악한 악마가 검은색 개로 변장해 나타날 수 있다고 믿는다. 중부 멕시코에서는 이 악마를 나후알nahual 이라고 부르고, 유카탄 반도에서는 화이 키보huay chivo 라고 부른다. 만나는 누구든 사납게 공격하는 거대한 검은색 유령 개 화이 펙huay pek 이라 불리는 개도 있는데, 이 유령 개는 사악한 영혼으로 형상화되어 있다.

최근 멕시코 시티에서는 아즈텍 문명 시기의 무덤이 발견되었는데, 여기에는 특이하게도 열두 구의 개 유골만 발견되었다. 죽은 사람과 함께 묻히거나 자신이 지켜야 하는 주택의 지하 혹은 피라미드에서 개 유골이 발굴되곤 했지만 이렇게 개들만 묻힌 경우는 없었다. 발굴된 유골터는 아마도 개의 공동묘지이거나 어떤 의식을 행하기 위해 집단적으로 개를 제물로 바친 것이 아닐까 생각한다. 개를 제물로 바치는 것의 기원은 포폴 부흐에서 찾을 수 있다. 나무인형을 물어뜯어 죽인 포폴 부흐의 개 이야기는 개에게 옥수수와 같은 인간의 음식을 주어 존중해야 한다는 메시지를 담고 있다. 게다가 인간은 옥수수로

불을 운반하는 개

배가 불룩한 졸로이츠퀸틀리

만들어졌고 옥수수를 먹는 개는 인간과 결국 같은 존재다. 따라서 마야문명에서 신에게 제사를 지낼 때 개를 제물로 바치는 것은 사람을 바치는 것과 같다.

마야문명에서 개는 불을 상징하고 마야 경전에는 개가 어둠을 밝히고 횃불을 운반하는 모습으로 그려져 있다. 이 지역 사람들은 개가 인간에게 불을 전달해주었다고 믿었다. 횃불은 어둠을 밝힌다는 의미를 가지고 있기 때문에 생명 혹은 새로운 시작이라는 의미를 내포한다. 신년이 되면 개를 제물로 바치고 축제를 여는 고대 마야인들의 전통은 바로 이러한 인식에서 나왔다고 할 수 있다. 또한 죽은 사람 옆에 개를 제물로 매장하는 것은 그 사람을 사후 세계로 인도함과 동시에 죽음 이후의 또 다른 삶을 믿었기 때문이 아닐까?

흙으로 구운 개 주전자

　유물은 그 시대의 생활상을 그대로 담는다. 멕시코의 콜리마 지역에서는 기형적 발 모양을 가진 붉은색 개 조형물이 여러 점 발견되었다. 이 개는 대중적이었고 음식으로도 이용되었던 털 없는 졸로이츠퀸틀리로 추정된다. 개 조형물은 결혼, 아이의 탄생, 왕가의 경사 등과 같은 행사들을 기념하거나 종교적 의식을 위한 것일 가능성이 높다. 흙으로 빚어 구워낸 이 조형물은 기원전 300년에서 기원후 300년 사이의 유적지에서 발견된 것이다. 실제와 비슷한 크기의 이 개 조형물은 배가 불룩 튀어나온 모습을 하고 있는데, 이것은 개에게 충분한 음식이 제공되었고 잘 보살펴진 증거라고 할 수 있다. 게다가 귀는 쫑긋 세운 모습인데, 이는 개가 행복하다는 것을 의미한다.

이 조형물들은 단순히 귀여운 애견을 기억하기 위한 것이 아니다. 당시 개는 음식으로 많이 소비되었는데 음식을 충분히 제공받아 부족에게 고기를 제공할 만큼 통통했다. 이 개들은 사람들에게 영양을 제공하면서 삶에 도움을 주었는데, 이를 묘사하기 위해 어떤 조형물은 주전자 형태로 만들어졌다. 심지어 모두 행복한 모습을 하고 있는데, 이는 사람들에게 영양분을 제공하면서 행복하다는 뜻일 것이다. 당시 사람들에게 음식을 먹는다는 것은 대지로 되돌려준다는 종교 의식과도 같은 것이었다. 가장 중요한 식재료였던 옥수수의 신은 이 지역의 가장 중요한 신이었다. 이처럼 음식은 삶과 죽음의 반복되는 중요한 매개체이며 개가 상징하는 삶과 죽음 역시 바로 이러한 고리와 연결된다. 한편 개 조형물은 장례를 위한 것이거나 우상으로서 만들어졌다는 가정도 가능하다. 무덤에서 발견된 개 세라믹 조형물이 사후 세계의 동반자로서 죽은 자와 함께 묻히거나 동물을 먹고 난 후 그 동물을 추모하기 위해 조형물을 만드는 것은 종종 있었던 일이었다.

동양편

이로운 개, 의로운 개

절대 만지면 안 되는 개, 언더처블

인도

🐾

개를 진정으로 사랑한다면 길들이기보다 마음을 열어야 한다.
- 에드워드 호그랜드

2010년 어느 날 인도 중부의 어느 시골 마을에서 수니타라는 여성은 빵을 구워 남편의 일터로 찾아가 함께 점심을 먹었다. 집으로 돌아오던 수니타는 근처를 배회하는 개 한 마리를 보고 불쌍히 여겨 남은 빵을 조금 나눠주었다. 주위에 있던 개 주인은 이 모습을 보고 자신의 개를 쫓아내고 마을 공동체에 수니타를 고발했다. 죄명은 불가촉천민인 수니타가 개에게 음식을 주었으므로 개도 불가촉천견이 되었기에 더 이상 개를 기를 수 없다는 것이었다. 마을 공동체 회의에서는 수니타에게 1만 5천 루피의 벌금을 부과해 개가 죽을 때까지 먹여살리도록 판결했다.

인도의 카스트제도에 따르면 불가촉천민은 만져서도 함께 말을 해서도 안 되는 신분이다. 이런 불가촉천민이 개를 만졌으니 개 역시 불가촉천견이 된 것이다. 인도에서 인구의 20퍼센트 이상을 차지하는 불가촉천민에 대한 차별은 법적으로는 불법이지만 암암리에 존재하고 있다. 단지 불가촉천민과 접촉했다는 이유로 개 역시 불가촉천견이 되었다는 이야기는 인도에 여전히 남아 있는 신분제도의 불합리성을 보여주고 있다.

그런데 인도에서는 사실 모든 개들이 언터처블이다. 위에서 말한 불가촉천견이라는 의미가 아니라, 함부로 대하면 큰코다치는 존재라는 의미에서 언터처블이다. 인도의 길거리에는 엄청나게 큰 주인 없는 개들이 거리를 활보해도 누구 하나 두려워하거나 쫓지 않고, 여기저기 제멋대로 드러누워 잠을 자고 있는 개들을 어느 누구도 신경 쓰거나 불편해하지 않는다. 이 개들은 대부분 인도의 전통 개인 파리아 도그Pariah Dog이다. 우리나라 같으면 불결하다거나 위험하다고 민원이 빗발치거나, 무서운 개장수들의 손쉬운 수입원이 되었을 것이다. 거리를 떠돌아다니는 개가 이렇게 많다 보니 개에게 물리는 사고도 비일비재하다. 그런데도 이 떠돌이 개들에 대해 불평하는 사람은 그렇게 많지 않다.

사실 인도만큼 개가 대우받는 나라도 없다. 인도의 동물보호법을 보면 길거리에 주인 없는 개들이 왜 그렇게 많은지를 알 수 있다. 인도의 법에 따르면 동물이 주인 없이 거리를 배회할지라도 죽이거나 상해를 입히는 행위는 범죄이고, 어떤 이유라도 동물을

인도의 전통 개 파리아 도그와 떠돌이 개들

유기하면 최대 3개월의 징역형에 처한다고 규정하고 있다. 또한 병들거나 임신한 동물은 절대 도축할 수 없을 뿐만 아니라 주인이 없지만 중성화 수술이 된 개들은 어떤 누구도 잡거나 다른 곳으로 이동시킬 수 없다. 동물에게 충분한 음식과 물 및 거처를 마련해 주지 않거나 오랜 시간 묶어두어 학대하면 최대 3개월의 형에 처하기도 한다.

인도라고 하면 소를 먹지 않는 나라, 그래서 소들의 천국이라고만 생각한다. 소들이 길 한복판에 버티고 서 있으면 자동차가 지나가지도 못하고 꼼짝없이 몇 시간이고 기다리는 장면은 이미 우리에게도 익숙한 장면이다. 하지만 사실 인도는 모든 동물들에게 천국과도 같은 곳이다. 인도의 정신적 지주와도 같은 마하트마 간

디는 "한 나라의 위대성과 그 도덕성은 동물을 다루는 태도로 판단할 수 있다. 나약한 동물일수록 인간의 잔인함으로부터 더욱 철저히 보호되어야 한다"고 설파했다. 인도는 1인당 국민소득이 6000달러 정도로 세계 125위의 경제적 후진국이지만, 동물보호법이라는 측면에서 본다면 선진적인 다른 어떤 나라의 법과 비교해도 부족함이 없다. 그 이유는 인도 인구의 70퍼센트 이상을 차지하는 종교인 힌두교 때문이다.

힌두교는 기원전 15~12세기 인도 북서부 고원 지역을 통해 들어온 아리안족의 베다^{Veda} 신앙을 모태로 탄생한 브라만교를 계승한 종교이다. 브라만교는 브라만 계급을 정점으로 한 철저한 신분제 질서를 토대로 했기 때문에 여러가지 사회 문제를 발생시켰다. 이를 바탕으로 기원전 6세기경 평등 사상을 내세운 불교나 자이나교가 등장하기 시작했고, 약 1000년간 여러 종교가 공존하다가 기원후 6세기경 굽타왕조가 브라만교의 문제점들을 수정하면서 인도의 종교라는 의미의 힌두교라는 공식 명칭을 쓰기 시작했다. 사실 힌두교는 인도인들에게 신화이자 종교일 뿐만 아니라 인도 문화의 전부라고 할 수 있다. 동물에 관한 이야기도 힌두교가 출발점이자 종착역이다.

신이 곧 동물이고 동물이 곧 신인 나라

고대 인도인들은 모든 영혼이 하나의 절대 영혼의 일부분이라고 믿었다. 인간의 영혼과 동물의 영혼 모두 절대 영혼의 일부이기 때문에 두 영혼이 결코 다르지 않다는 것이 고대 인도인들의 생각이었다. 그들은 동물이 항상 신성하고 인간과 동일한 감정을 가진다고 믿었다. 이는 개 영혼의 3분의 1은 사람이라는 고대 페르시아인들의 생각과 유사하다. 인도 민족이나 페르시아인이 아리아인의 한 갈래이고, 브라만교와 힌두교는 조로아스터교에 영향을 주었으므로 비슷할 만하다. 게다가 동물들은 자유자재로 변신할 수 있고, 인간의 말을 이해하기 때문에 신이 될 수 있다고도 생각했다. 따라서 힌두교 신화에서는 신과 동물이 끊임없이 교차되어 나온다. 여기서는 신이 곧 동물이 되고 동물이 곧 신이 되는 것이다.

인도 전통에서 개는 상징적으로 충성, 복종, 헌신 그리고 베다를 나타내고 있다. 힌두교의 미신과 예언에 따르면 개가 밤에 우는 것은 불길한 징조이고, 신이 인간을 시험하거나 돕기 위해 인간 앞에 개의 형상을 하고 나타나는 것이라고 한다. 또한 윤회를 믿는 힌두교는 개가 과거의 조상이나 부모 혹은 친척일 수 있다고 한다. 이는 힌두교의 영향을 받은 불교의 윤회설과 유사한 것이다. 인도에서 개를 존중하고 학대하지 않는 이유가 바로 여기에

다타트레야와 네 마리의 개

있다. 따라서 힌두교 법에 따르면 개를 먹는 것은 상상도 할 수 없는 죄를 짓는 것이다.

인도 신화 속 개와 관련된 신들

사실 인도 신화처럼 동물, 특히 개가 많이 등장하는 신화도 없다. 후기 힌두교에서는 브라흐마, 시바, 비슈누라는 중요한 세 명의 신이 있는데, 이들 세 주신의 대표 화신으로 나오는 것이 다타

개를 타고 있는 바이라바 신

트레야라는 신이다. 이 신은 네 마리의 개를 데리고 다니는데, 이 개들은 각각 힌두교의 네 개 경전을 상징한다. 그렇게 신성시하는 소가 아니라 개가 힌두교에서 가장 중요한 경전을 상징한다니 참으로 아이러니하지 않은가? 또한 시바 신의 화신인 바이라바 신은 개를 타고 다니거나 검은색 개를 데리고 다니고, 또 다른 화신인 칸도바 신은 말 혹은 황소를 타고 다니지만 항상 개를 데리고 다니는 모습으로 나온다. 비슈누 신 역시 때때로 개의 머리를 한 신으로 묘사되기도 한다. 시바 신을 숭배하는 바라나시 지역의 바이라바 사원에는 하얀 개를 타고 있는 시바상이 있고, 여러 유형

판다바 형제들의 출가 여행

의 개 그림이나 조각상들을 볼 수 있다.

인도 신화에서 '마하바라타'라는 서사시가 매우 중요한데, 이 서사시는 처음부터 끝까지 온통 개 이야기다. 마하바라타 전쟁 이후 판다바 형제들은 36년 동안 세상을 통치한 후 개 한 마리와 함께 천국으로 가기 위한 출가 여행을 시작했다. 히말라야 산을 넘으며 다른 형제들은 다 죽고 개와 장남인 유디시티라만 남게 되었는데 그때 천국의 신 인드라가 나타나 죽은 형제들은 이미 천국에 있으니 천국으로 데려가주겠다고 한다. 유디시티라는 개를 데려갈 수 있냐고 물었지만, 인드라는 개가 천국을 어지럽히게 될 것이라고 하며 거절했다. 이에 유디시티라는 개를 두고 갈 수 없다

개와 여행하는 유디시티라

고 인드라의 제안을 거절했다. 그러자 개가 정의의 신 다르마로 변신해 그를 천국으로 데려갔다. 그런데 이 서사시의 또 다른 버전에서는 그 개가 곧 사후 세계의 신이자 불교에서는 염라대왕으로 알려진 야마라고 나온다.

또 다른 이야기는 '사라마'라는 인드라의 개 이야기로, 어느 날 악마가 인드라의 성스러운 소를 훔쳐갔는데 그의 반려견 사라마의 도움으로 소를 되찾는다는 이야기이다. 모든 개의 어머니인 사라마는 사후 세계의 신 야마가 데리고 다니는 사라메야라는 네 개의 눈을 가진 네 마리의 개의 어미이기도 하다.

나도 다음 생에는 높은 카스트로 부탁해

힌두 공동체인 네팔에서는 해마다 11월 초 디왈리라는 힌두교 축제가 치러진다. 5일 동안 치러지는 이 축제는 날마다 숭배하거나 축하하는 대상이 다르다. 첫째 날은 까마귀를 숭배하는 날인데, 힌두교에서는 까마귀도 사후 세계의 신 야마와 연결되어 있다. 둘째 날은 개를 숭배하는 날이다. 이날이 되면 사람들은 개에게 티카^{tika}라고 하는 온통 붉은색의 진흙을 발라주며 형형색색의 화환을 걸어주고 맛있는 음식을 대접한다. 마치 생일날처럼 호화롭게 대접하는 것이다. 셋째 날과 넷째 날은 각각 암소와 황소를

티카를 바르고 화환을 목에 건 개

숭배하는 날로 같은 의식을 행하고, 마지막 다섯째 날은 남자 형
제들에게 티카를 발라주고 화환을 걸어주는 행사를 치른다.

개를 이렇게 극진히 대접하는 것은 윤회를 통해 더 좋은 카스트
계급으로 태어나기를 바라는 염원 때문이다. 힌두교에서 개는 소
만큼이나 특별한 동물인데, 현실 세계와 사후 세계 사이의 연결고
리라고 믿기 때문이다. 힌두교에서 이러한 역할을 하는 것은 사후
세계를 관장하는 야마 신인데, 이 신은 이집트의 아누비스나 그리
스의 케르베루스처럼 무서운 존재는 아니었다. 이것은 아마도 힌
두교의 내세관 윤회 사상 때문일 것이다.

사실 힌두교에서는 지옥이라는 개념이 의미가 없다. 왜냐하면 사람이 죽으면 생전의 업에 따라 더 높은 혹은 더 낮은 계급으로 다시 태어나기 때문이다. 지옥으로 떨어져 고통받는 개념이 존재하지 않는다는 말이다. 그렇다면 사후 세계로 가는 심판자의 모습을 굳이 무서운 모습으로 둘 필요가 없다. 사후 세계로 가는 심판자는 단지 생전의 업만을 판단하면 될 뿐이니 말이다. 개가 사람이 죽어 다시 태어나는 윤회의 연결고리인 셈이니까 개에 대한 대접이 좋을 수밖에 없다. 네팔의 디왈리 축제에서 개들에게 음식을 제공하고 온갖 장식을 해주는 것은 사후에 자신의 업을 잘 판단해서 더 높은 카스트로 태어나게 해달라는 일종의 뇌물이 아닐까?

특이한 것은 다른 지역에서는 개가 사냥이나 죽음과 관련된 신과만 연결이 되는데, 인도에서는 시바라고 하는 파괴의 신과도 연결된다. 베다 경전이나 서사시 마하바라타에서는 시바가 아예 개로 등장하거나 바이라바 혹은 칸도바와 같이 화신이 개를 데리고 다니는 장면이 많이 나온다. 파괴의 신과 개는 무슨 관계일까? 힌두교에서 파괴는 또 다른 창조를 의미하기도 한다. 파괴가 있어야 창조가 일어나기 때문이다. 따라서 시바는 파괴의 신이자 창조의 신이 될 수 있는 것이다. 원래 창조의 신인 브라흐마가 대접받지 못하는 것은 바로 이것 때문이다. 새로운 창조라는 것은 윤회와 관계가 있으므로 파괴의 신이 개와 연결되는 것은 자연스러운 논리적 귀결이었던 것이다.

용맹하기로 소문난 인도의 개들

인도 애견 문화는 사실 아리안족의 베다 문명 훨씬 이전의 인도에서도 존재했다. 인도 중서부의 빔베트카^{Bhimbetka}에서 구석기와 중석기 시대인 기원전 1만~7000년 전 시대의 동굴벽화가 발견되었는데, 그림 중에는 목줄을 한 개도 보인다. 이것은 당시에 이미 개의 가축화가 완전히 이루어졌음을 보여준다. 한편 기원전 1500~1000년 사이 탄생한 베다 문명 이전의 인도 문명을 모헨조다로 문명이라고 하는데, 이 문명은 입증되지는 않았지만 아마도

빔베트카에 그려져 있는 개

세계 최초의 문명일 거라고 추측하고 있다. 인도 서부의 모헨조다로 유적지에서 발견된 유물들에 따르면 베다 문명 이전의 인도인들도 다양한 개들을 가축으로 기르고 있었다. 예를 들어 이 지역에서는 기원전 2600~1700년 시기 것으로 추정되는 수많은 유골과 개 조각상이 발견되었다. 여기서 발견된 유골은 오늘날 티베트개와 유사한 마스티프나 파리아 도그로 추정된다. 한편 테라코타에 새겨진 그림을 보면 테리어나 닥스훈트와 같은 작은 종류의 개들뿐만 아니라 불도그처럼 작고 콤팩트한 개도 있었다. 이 개들은 사냥이나 경비 혹은 애완용으로 기른 것 같다. 왜냐하면 테라코타에 새겨진 개들을 보면 줄로 묶여 있거나 가방을 메고 있기 때문이다. 줄에 메어 있는 것은 경비견이나 애완견이라는 의미이고, 가방을 메고 있다는 것은 사역견으로 사용되고 있었다는 표시다.

모헨조다로 유적에서 작은 개 조각상들이 출토되기도 했는데, 이것은 개가 숭배의 대상이기도 했음을 의미한다. 인도 서부의 빌족은 밀가루로 개의 형상을 만들어 제사를 지낸 후 그것을 먹기도 했다. 페르시아에서 호신이나 숭배의 대상으로 개 조각상을 만들었다고 했는데, 아마도 이러한 인도 전통의 영향을 받은 것일 수도 있다.

고대 인도의 개들은 사실 그 용맹함 때문에 그리스, 로마, 이집트 등으로 수출되어 전 세계로 전파되었다. 페르시아 제국도 인도산 마스티프로 전투견 부대를 구성해 그리스와 전쟁을 벌이기도 했다. 영화 〈300〉으로 유명한 바로 그 전쟁 말이다. 알렉산더 대왕에게도 인도산 사냥개가 선물로 바쳐진 적도 있었다고 하니까 그 용맹함이 널리 알려지긴 했었던 것 같다. 이 개들은 하운드 계통이거나 히말라얀 시프 도그^{Himalayan Sheep Dog} 같은 개들이었다. 하지만 식민지 시대 때 영국의 지배자들이 인도에 많은 영국 개들을 수입했고 그 이후로 오늘날처럼 다양한 혼종 개들이 생겨났다.

하나 남은 꼬리에 곡식을 숨겨온 천구

중국 1

행복이란 한 마리의 따스한 강아지와 같다.
– 찰스 M. 슐츠

2008년 베이징올림픽 유치 당시 중국 올림픽유치위원회는 경쟁 도시인 파리에 대형 들개가 너무 많이 돌아다녀 위험하다는 점을 부각시켰다. 일부에서는 여전히 식견 문화를 가지고 있고 동물복지에 대해서 여전히 관심을 두지 않는 중국이 애견 문화의 선진국이라 일컬어지는 프랑스를 상대로 이러한 전략을 펼쳤다는 것이 재미있다. 하지만 중국은 결국 베이징 올림픽을 유치했다. 이러한 전략이 먹혀들었던 것인지는 모른다. 하지만 1억 마리 이상의 반려견을 가진 중국은 실제로 강력한 법을 통해 비교적 안정된 반려견 정책을 유지하고 있다. 1가구당 1견 원칙을 규정하고, 대도시에서는 35센티미터 이하의 소형견들만 소유할 수 있으며, 강력한

등록제를 통해 통제하고 있다. 요즘은 사정이 달라졌지만 한때는 10억 원 이상을 호가하는 차우차우가 날개 돋친 듯 팔리고, 지금도 세계에서 품종이 우수한 비싼 개들은 거의 중국인들이 소유하고 있을 정도로 반려견을 좋아한다. 그런데도 동물학대 방지법은 여전히 존재하지 않고 매년 1천만 마리 이상이 음식으로 소비된다. 이것을 어떻게 설명해야 할까?

사실 중국은 하나의 애견 문화로 설명하기 어려운 나라이다. 56개나 되는 민족으로 이루어진 나라이기 때문에 당연히 단일한 애견 문화는 존재하지 않는다. 어떤 민족은 개를 숭배하는 반면, 어떤 민족은 여전히 개고기를 즐기며 대대적으로 축제까지 열고 있다. 심지어는 개를 자신들의 선조로 생각하는 민족도 있다. 스스로 곰의 후예라고 생각하는 우리와 별반 차이가 없다. 산악 지역에 거주하는 야오족과 서족이 그렇다. 그들이 숭배하는 개는 신화 속의 왕 제곡고신의 반려견 판허 Panhu 다. 제곡고신은 전쟁에서 승리하는 데 공을 세운 자와 자신의 딸을 결혼시키겠다고 했다. 이에 판허가 나서 적의 장수를 물어 죽여 머리를 가져다 바쳤고 전쟁에서 승리하였다. 그리고는 공주와 결혼해 남쪽 산악 지역으로 내려가 대대로 번성했다는 이야기이다. 이 전설을 믿는 야오족과 서족은 판허를 자신들의 왕으로 숭배하고 있다. 그런데 판허 신화가 묘족과 리족에서는 조금 변형되어 나타난다. 왕은 막상 개를 자신의 딸과 결혼시키자니 두려웠다. 왕이 주저하자 판허는 자

판허 신화 속의 개

신이 종 속에 들어가 280일이 지나면 사람이 될 거라고 말하고 종 속으로 들어갔다. 하지만 왕은 참지 못하고 279일째에 종을 열어봤기 때문에 완전한 사람이 되지 못하고 몸통만 사람인 반인반견이 되었다는 것이다. 이쯤 되니 이들 지역에서는 당연히 개의 학대나 개고기가 금지되는 것이 당연했다.

또 다른 신화는 개가 인간에게 곡물의 씨앗을 전해주었다는 이야기이다. 쓰촨성의 티베트족 전설에 따르면 옛날에 곡물은 매우 크고 잎이 풍성했다고 한다. 따라서 사람들은 용변을 본 후 그 잎을 위생용으로 사용했는데, 이를 본 하늘의 신이 화가 나서 곡물의 씨를 모두 회수해가려 했다. 이때 개 한 마리가 나타나 신의 바짓가랑이를 붙들고 울면서 간청했다. 이에 감동한 신은 곡물의 씨앗 몇 개를 남겨주었는데, 이것이 오늘날 인간의 주식인 곡물이라는 것이다. 이러한 신화는 티베트족뿐만 아니라 부이족, 거라우족, 하니족, 수이족, 창족 등이 믿고 있다. 한편 묘족의 전설은 이렇다. 원래 개는 아홉 개의 꼬리를 가지고 있었는데, 하늘에서 곡물을 훔치다가 간수에게 걸려 여덟 개의 꼬리를 잃었다. 하지만 하나 남은 꼬리에 씨앗을 감추어 지상에 내려왔고 그것을 인간들에게 전해주었다는 것이다. 쫭족과 거라우족은 곡물의 머리 부분이 개의 꼬리처럼 구부러져 있고 털이 많은 것이 바로 이 때문이라고 생각한다. 이렇게 개에게 곡물을 빚지고 있으니 이 신화를 믿는 민족들은 추수를 하면 꼭 개에게 음식을 제공한다.

이외에도 개와 관련된 신화와 전설은 많다. 이랑신이 손오공을 생포할 수 있도록 손오공의 다리를 물어 공을 세운 이랑신의 반려견 이야기도 있다. 또 하늘의 개, 천구天狗 이야기도 있다. 하늘에 사는 검은 개 천구가 배가 고파 해와 달을 삼켜버려 일식이나 월식이 일어난다는 이야기이다. 이때 북을 울려 개를 놀라게 해 해와 달을 뱉어내도록 해야 일식과 월식이 사라진다고 한다. 과학적 설명이 없던 시대에 일식이나 월식은 사람들에게 분명 두려운 일이었을 것이다. 이러한 두려움을 개와 연결시킨 것이다.

중국 신화에는 다양한 동물들이 등장한다. 하지만 이러한 동물들은 대부분 용, 해태, 봉황과 같은 상상 속의 동물이거나 여러 동물이 결합된 기괴한 모습의 동물이다. 그런데 개는 신화 속에서 거의 대부분 현실의 온전한 동물로서 등장한다. 왜냐하면 가축으로서 오래전부터 인간과 함께 살아왔고 더불어 인간이 가장 잘 아는 동물이기 때문이다.

또 다른 특징은 다른 지역 신화 속의 개들은 대부분 이름을 가지는 데 반해 중국 신화 속에 등장하는 개는 판허를 제외한다면 대부분 고유한 이름을 갖지 않는다. 천구처럼 그저 하늘의 개라고

일식을 없애기 위해 천구를 활로 쏘는 탄생의 신 장 시안

표현한다. 이름이 없다는 건 개에게 특별한 의미를 부여하지 않았다는 의미이기도 하다. 물론 앞에서 말한 소수민족의 경우는 예외이다.

사실 중국 신화에서는 그리스나 이집트와 같이 개가 사후 세계로 가는 길목을 지키는 신이라거나 하는 개념이 없다. 그렇기 때문에 개를 신비한 동물로 묘사할 필요가 없었을 것이다.

중국인이 가장 사랑한 단백질 공급원

개고기의 윤리적 문제는 오늘날의 중국에서도 논쟁거리이다. 하긴 아무리 경제가 발달하고 애견 인구가 늘어도 수천 년의 역사를 가진 개고기 섭취 문화가 한순간에 사라지기는 어려울 것이다. 그럼에도 불구하고 중국에서도 개고기 섭취는 점점 줄어들고 있다. 일부 주장에 따르면 중국인들은 개를 포유동물의 조상이라고 생각한다. 포유동물을 의미하는 거의 모든 한자에는 개 견犬의 변형인 개사슴록변犭이 들어 있다. 예를 들어 여우 호狐, 이리 랑狼, 사자 예猊처럼 형태상 유사한 동물뿐만 아니라 고양이 묘猫, 원숭이 유猶, 돼지 저猪처럼 전혀 상관없는 동물들의 한자에도 개사슴록변을 쓰고 있다. 아마 개가 최초의 가축이었기 때문에 그 이후부터 알아가는 동물들의 명칭에 개를 의미하는 개사슴록변을 붙이게 된 것 같다. 그렇기에 고대 중국에서 개는 다른 동물들과 다를 바 없는 그저 포유동물의 하나일 뿐이었고 음식 재료 중 하나로 생각해버렸을 가능성이 높다.

중국에서 개는 사실 어떤 상황이냐에 따라 긍정적이기도 부정적이기도 했다. 개는 신이 내려준 선물로서 존중받았지만 특정한 존재의 목적을 가지고 있다고 생각했다. 이러한 목적의 첫째는 인간에게 음식을 제공해 인간이 생존하는 데 돕는 것이고, 둘째로는 제물로 희생되어 인간의 제례 의식에 기여하는 것이다.

중국에서 개고기 섭취는 오랜 역사를 가지고 있다. 기원전 136년 국교가 된 유교도 개의 식용을 금지하지 않았다. 오히려 먹는 개와 다른 용도의 개를 구분함으로써 개고기 섭취를 정당화했다. 예를 들어 유교의 경전 중 하나인 주례는 개를 세 가지로 분류했는데, 각각은 사냥견, 경비견, 음식의 재료가 되는 개 이런 식으로 말이다. 개고기 섭취는 유교의 윤리학과 결코 대립적이지 않았다. 유교의 창시자 공자 역시 개를 길렀는데, 개고기 문제에 대해서는 언급하고 있지 않다. 대신 예기 4장에서 자신의 개가 죽었을 때 머리가 흙에 닿지 않도록 거적으로 싼 후 묻어 달라고 하여 죽은 동물에 대한 인간의 도리만을 언급하였다. 이러한 논리는 개고기를 섭취하는 우리나라 사람들이 주장하는 것과도 유사하다. 주나라 시대의 또 다른 자료에 따르면 개의 역할에 따라 개를 구분해 놓았는데, 집과 재산을 지키는 개, 사냥개, 경주용 개, 애견이나 반려동물로서의 개 등이 그것이다. 여기서는 식용으로서의 개를 따로 구분해 놓지 않았는데 아마 개를 원래 먹기 위해서 기르는 것이라고 생각했기 때문이 아닐까?

어쨌든 개고기는 고대 중국에서 대중적으로 소비되던 단백질 공급원이었다. 처음에는 주로 바비큐 형태로 먹었던 것 같다. 왜냐하면 개고기는 중국어로 개고기 연朕인데, 태우다 혹은 굽는다는 한자는 불 화灬 위에 개고기 연을 올려놓은 불탈 연然이기 때문이다. 후에 제사에서 사용할 탕에 개고기를 사용하면서 이른바 '보신탕'이 만들어진 것이다. 봉건영주들의 식탁에는 종종 개고기를 이용한 탕과 밥이 올랐다. 이렇게 개고기가 대중적이었지만 구도라고 부른 이른바 개 백정은 신분이 매우 낮은 직업이었다. 위진남북조시대 정치가인 범엽范曄은 그들을 게으르고 믿을 수 없는 사람들이라고 표현했다.

개고기는 신분을 불문하고 대중적이었다. 당연히 제사상 음식으로도 사용되었다. 유교가 제사를 중시했으니 제사상에 고기를 올려야 했는데, 가장 흔하게 구할 수 있었던 것이 개고기였을 것이다. 한편 중국에서 개고기가 대중적으로 섭취된 것은 검증된 것은 아니지만 다른 어떤 고기보다 영양가가 높다는 인식을 갖고 있었던 것 같다. 개의 기름으로 튀긴 물고기를 먹으면 여름에 열을 낮춰준다고 믿던 중국의 한 황제는 주로 가을에 개고기를 먹었는데, 이는 피로를 줄여준다고 믿었기 때문이다. 기원전 4세기에 출판된 중국의 역사서 《국어》에는 춘추전국시대 월나라 왕이 징집할 인구를 늘리기 위해 남자아이를 낳는 가족에게는 두 항아리의 술과 산모에게 먹일 개 한 마리를 출산 장려금으로 주었다. 대신 여자아이를 낳은 가족에게는 두 항아리의 술과 돼지를 주었다. 이렇게 개고기는 중국인들이 '죽고 못 사는' 돼지고기보다 고급 음식으로 취급되었다.

도교의 확장 이후 금지된 풍습

하지만 이러한 관습은 기원후 1세기경 불교의 도입과 4세기경 도교의 확장 이후 점차 줄어들기 시작했다. 불교는 윤회 사상을 가지고 있기 때문에 당연히 살생과 육식을 금한다. 도교 역시 자연 친화적인 교훈을 가지고 있다. 도교는 유교와는 달리 제례 등을 고집하지 않기 때문에 제사에서 사용되기 위한 개의 도축이 필요 없었을 것이다. 또한 도교는 윤회와 같은 사후 세계관을 가지지 않았고 윤리학 역시 자비로움, 검소함, 겸손함을 강조하기 때문에 개의 학대와 같은 문제에 단호했다. 6~7세기 정도에 와서는 중국에서 일부 민족을 제외하고는 상층계급에서부터 개고기 섭취는 금기시되었다. 1644년 청나라가 들어서고부터는 아예 개를 죽이거나 먹거나 개 가죽으로 옷을 만드는 일까지 금지시켰다. 이

누르하치를 구한 개 탕워하

것은 청나라의 태조 누르하치와 개의 이야기에서 비롯된다. 누르
하치가 명나라 군대의 추격을 받고 화살을 맞아 초원 위에 누워
있을 때 명나라 군대는 초원을 불태워버렸다. 이에 개 한 마리가
주변의 호수에 뛰어들어 물을 자신의 몸에 묻혀 주변의 풀들을 적
셔 누르하치가 살아남았다는 이야기이다. 이러니 어떻게 개고기
를 먹을 수 있었겠는가?

강에 띄워 보내는 종이 개의 기원

고대 중국에서 음식을 위한 개들의 희생과는 별개로 또 다른 형

고대 중국의 개 모양 도자기

태의 희생도 많이 존재했다. 앞에서 이야기한 것처럼 중국인들은 개를 하늘이 인간에게 내려준 선물이라고 믿었기 때문에 개의 피를 신성하게 여겼고, 종종 맹약식이나 액운을 쫓기 위한 도구로 사용되었다.

기원전 1600~1046년 상나라(은나라)의 수도였던 안양 주변에서 발굴된 무덤들에서는 수많은 인간의 유골과 함께 제물로 희생된 개들이 함께 발굴되었다. 거의 모든 무덤에서 개의 유골이 발굴된 것으로 보아 장례 의식에서 개의 매장이 일상적이었던 같다. 유적지에서는 825명의 사람 유골과 함께 말 10마리, 황소 10마리, 양 18마리, 개 35마리의 유골이 발견되었다. 개들은 통상 갈대 매트로 싸이거나 나전칠기 관에 묻혀 있었고, 때때로 추가 달린 작은 종이 개의 목에 매여 있었다. 이는 죽은 사람이 반려견으로 키우던 개를 망자와 함께 묻어 사후 세계에 동행해달라는 의미가 담겨 있을 것이다.

개는 질병이나 액운을 막아주는 동물로도 여겨졌다. 따라서 사람들은 집을 짓거나 성곽을 축조할 때 근처에 개를 묻곤 했다. 또한 상나라 시대의 갑골에서는 태풍과 같은 강한 바람을 멈추게 하기 위해 개를 죽여 제사를 지내는 풍습도 적혀있다. 주례에서도 전염병을 쫓기 위해 개를 조각내서 성문밖에 묻거나, 귀신을 쫓기 위해 황제가 옥으로 된 마차를 타고 바퀴로 개를 밟고 지나가는 의식에 대해서 언급하고 있다. 지방 관리들은 이 의식을 위해 얼룩이 없는 개를 공급해야 했다.

이러한 풍습은 기원전 5세기경을 기준으로 점차 밀짚으로 만든 개 형상으로 대체되었다. 노자의 도덕경에도 나온 것으로 보아 점차 퍼져나간 도교의 영향을 받은 것일 수 있다. 중국에서는 오랫동안 집 앞에 짚으로 만든 개 모형이나 형상을 세워두곤 했는데, 이는 재난에 대비해 마당에 개 혹은 짚으로 만든 개를 묻었던 관습에서 유래한다. 어쨌든 죽은 사람과 함께 동물을 묻는 행위는 바로 사라지지 않았지만, 기원전 200년을 전후로 점차 흙으로 만들어진 조형물로 대체되었다. 중국 북부 지역에서는 사악한 영혼을 쫓기 위해 액막이로 종이를 잘라 개 모양을 만들어 이것을 5월 5일 단오절에 강에 띄워 보내는데, 이것 또한 액막이 행사의 일환이다.

유교 문화 속의 개, 꽌지 그리고 개똥이

중국 2

굶주린 개를 데려다가 보살펴준다면 개는 당신을 물지 않을 것이다.
이것이 개와 사람의 차이이다.
– 마크 트웨인

요즘 우리나라 젊은이들은 개를 접두사로 넣어 많은 신조어를 만들고 있다. '개 이득', '개 피곤', '개 공감'처럼 '개'를 넣으면 신기하게도 강조가 된다. 혹은 재미를 더하기 위해 '어서 오시개'나 '행복하시개'처럼 '게'를 '개'자로 바꾸어 쓰는 일이 종종 있다. 재미있는 것은 요즘 중국의 젊은이들도 개 구狗자를 넣어서 새로운 말을 만들기를 좋아한다는 사실이다. '개 피곤'이라는 말을 중국에서는 레이청고우累成狗 라고 한다. 어청고우餓成狗, 개 배고픔, 쿤청고우困成狗, 개 졸림, 치옹청고우穷成狗, 개 가난, 망청고우忙成狗, 개 바쁨도 역시 어떤 현상을 강조하기 위해서 사용된다. 피곤해서 개가 되었다, 배고파서 개가 되었다, 가난해서 개가 되었다, 바빠서 개가 되었다의 의미이니 아무 상관도 없는 개는 억울할 만하겠다. 또한 단셴고우^{单身狗}처럼 독신인 사람이 자신의 처지를 자조적이고 풍자적으로 표현하기도 한다. 숙제가 많아 바쁜 학생은 쉬에성고우^{学生狗}, 일이 많은 사람을 찌아빤고우^{加班狗} 등으로 표현하기도 한다. 이 역시 자조적인 표현이다. 이러한 현상은 모두 애견 문화의 확장으로 생겨난 현상일지 모른다.

하지만 막상 자세히 들여다보면 중국의 신조어와 한국의 사례가 비슷해 보이지만 다르다. 한국은 강조에 더 의미가 있는데 반해, 중국에서는 대부분 개의 처지에 빗대 부정적 의미로 사용되고 있다. 공자를 일컫는 혹은 스스로를 비하해서 부르는 '상갓집 개^{喪家狗}'라는 표현처럼 말이다. 문상객을 접대하기 바빠서 아무도 신경 쓰지 않는 개의 입장이라니 얼마나 외롭고 불쌍한 처지인가? 또한 '개 입에서는 상아가 나오지 않는다'라는 속담이 있는데, 이는 나쁜 사람한테 좋은 일을 기대하기 어렵다는 의미로 역시 부정적 의미를 개로 빗대서 표현한 것이다. '여동빈(8명의 불사신 중 하나)을 무는 개는 선한 사람의 마음을 모른다'는 속담은 남의 호의를 몰라준다는 의미로 사용된다. 마음도 몰라주고 물어버리는 개이니 얼마나 무심한 동물이란 말인가? 견마지로^{犬馬之勞}라는 사자성어 역시 '개와 말 정도의 하찮은 수고'라는 의미로 개의 낮은 지위를 빗대어 이야기한 것이다. 이러한 속담이나 성어들이 모두 개의 열등한 지위를 빗대서 만들어졌다. 심지어 고대 중국에서 신하가 황제에게 자신을 낮출 때 종종 '개'라는 말을 붙여서 사용하기도 했다. 고대 이스라엘 법정에서 'Your servant dog'이라고 했던 것처럼 말이다.

'개'라는 단어는 사람에게도 종종 사용된다. 과거에는 개를 콴^{quan}이라고 불렀는데, 오늘날도 부모들이 다른 사람에게 자신들의 자식을 이야기할 때 때때로 콴지^{quanzi}라고 한다. 직역을 하면 '개새끼'라는 의미로 자식을 애칭으로 부르는 말이다. 오늘날에는 개에 해당하는 한자인 구狗를 붙여 사용하기도 한다. 자식들에게 이렇게 '개'라는 천한 명칭을 붙이는 이유는 자식들이 개의 강인함을 닮았으면 하는 바람 때문이었다. 이것은 옛날에 우리나라에서 부모들이 '내 새끼'라고 부르거나 오래 살라는 의미로 '개똥이'라는 이름을 붙여준 것과 유사하다.

개가 없으면 사냥이 안 되는 중국인

중국에서는 음식의 재료나 제물로써의 역할이 더 중요했지만 경비나 사냥이야말로 원래 개의 일차적 역할이었다. 중국 산시성 지역에서는 흙으로 구운 후한 시대(25~220년)의 집이 발견되었는데, 이 집의 대문 근처에는 역시 진흙으로 구운 개도 함께 놓여 있었다. 당시 많은 가정이 경비견을 길렀던 것이다.

후한 시대 흙으로 구운 집

한편 유교 경전인 주례에서 개를 분류할 때 사냥개田犬를 따로 분리해 구분했는데 사냥개 역시 고대 중국인의 생활에서 중요했던 것 같다. 중국어에서 사냥에 해당하는 단어는 모두 개사슴록변을 넣어 만들어졌다. 예를 들어 사냥 렵獵, 겨울사냥에 해당하는 사냥할 수狩, 새 사냥에 해당하는 얻을 획獲 등 항상 개사슴록변犭이 포함된다. 개가 없으면 사냥이 안 된다는 이야기이다. 춘추전국시대에 한나라와 연나라는 좋은 사냥개를 생산하는 것으로 유명했고, 궁정에는 사냥개의 훈련과 교배를 담당하는 구감狗監이라고 부르는 사냥개 관리 전담 공무원이 존재했다.

기원전 239년 진나라의 관료 여불위가 쓴 백과사전인《여씨춘추》에는 당시 사람들이 얼마나 사냥의 매력에 빠져 있었는가를 알려주는 이야기가 나온다. 기나라의 어떤 사람이 사냥을 좋아해서 오랫동안 사냥을 했는데 아무것도 잡지 못했다. 그는 자신의 사냥개에 문제가 있다는 것을 알아차렸다. 그러나 좋은 개를 사기에는 너무 가난했으므로 집으로 돌아가 열심히 일하기 시작했다. 그리고 마침내 부자가 되자 좋은 사냥개를 얻었고 많은 동물들을 잡을 수 있게 되었다는 이야기이다. 춘추전국시대 사람들은 이미 좋은 사냥개에 관심을 가지고 있었고, 덕분에 좋은 사냥개는 상당히 비쌌다. 사마천의《사기열전》에도 오나라와 월나라의 생활을 묘사하면서 사냥개에 대해 언급하는 부분이 나온다. 그런데 진나라 때부터 내륙의 농촌 지역에서는 개를 데리고 사냥하는 일이 조금씩 줄어들었다고 한다. 이윽고 명나라와 청나라에 와서는 사냥이 귀족들의 전유물이 되었다. 사냥개로 어떤 종류의 개들이 사용되었는지는 명확치 않다. 하지만 주로 살루키와 비슷한 생김새의 시고우 혹은 페르시아산 그레이하운드, 구이저 성 원산지의 시아시와 같은 견종들이 사용되었을 것으로 추정한다. 또한 주둥이가 뭉뚝한 마스티프도 사용되었다고 하는데, 이 개는 로마제국의 몰로수스나 세인트버나드, 불도그와 같은 맹견들의 원조로 추정되는 티베트 늑대의 혈통으로 알려져 있다.

상나라 시대 기록에 따르면 서부 지역의 부족으로부터 공물로

온 아오^{Ao}라는 개가 등장한다. 이 개에 대해서는 자세히 나와 있지 않지만 당나귀만큼 큰 붉은색 사냥개였다고 한다. 이 개는 아마도 차우차우였을 것이다. 1280년 티베트를 방문한 마르코 폴로도 이 개를 당나귀만큼 큰 개라고 표현한 바 있다. 티베탄 마스티프 혈통으로 알려진 차우차우는 중국에서 짱아오라고 불린다. 티베트의 개라는 뜻이다. 사실 차우차우는 처음에는 고기와 모피를 얻기 위해 기르기 시작했지만 이후 점차 사냥견과 경비견으로 활용되었다. 사냥견과 경비견으로 활용하다가 원래의 목적인 고기와 모피를 위해 죽임을 당하기도 했다. 사마천의 사기에 토사구팽兔死狗烹[11]이라는 말이 괜히 나온 게 아니다.

개의 활용과 관련해서 흥미로운 점은 중국은 개를 전쟁터에서 전투견으로 거의 사용하지 않았던 것 같다. 대부분의 국가들이 맹견들을 전투견으로 활용한 것과는 달리 중국에서 개를 전투견으로 사용했다는 자료는 발견하기 어렵다. 몽골이 중국을 침략할 때 티베탄 마스티프를 전투견으로 데리고 갔고, 원나라를 건국해 백여 년간 통치했기 때문에 이후의 중국 왕조도 개를 전투견으로 활용할 수 있다는 것을 모르지는 않았을 것이다. 게다가 중국에도 마스티프류의 맹견들이 분명히 존재했다. 임진왜란 때 명나라 군대가 원숭이 부대를 파견해 승리했다는 이야기는 전해져 내려오

---

11 토끼가 죽으면 토끼를 잡던 사냥개도 필요 없게 되어 주인에게 삶아 먹힌다는 뜻.

지만, 중국 왕조들이 맹견들로 부대를 구성했다는 이야기는 어디에도 없다.

귀족 혹은 엘리트가 기르던 부의 상징

공자는 반려견 장례 문화의 시조쯤 될 것이다. 그는 자신이 키우던 개가 죽자 돗자리로 싸서 묻어주라고 했다. 이는 공자가 자신의 개를 반려견으로 생각했다는 의미일 것이다. 고대 및 근대 중국에서 반려견은 귀족 혹은 엘리트 계층의 전유물이었다. 중국의 대표적인 반려견종은 중국의 수도인 북경paking의 이름을 딴 페키니즈Pekingese 이다. 이 개는 진나라 때부터 부호들이 기른 개로 중국 서부를 원산지로 하는 개였다. 한나라 시대 때부터 궁정에서 키우는 황족의 개가 되면서 일반인들은 키울 수 없게 되었다. 중국 황궁을 지키는 사자개와 모습이 닮아 사자개라고도 불린 이 개는 송나라 때는 루홍 도그, 오호십육국 시대에는 골든 실크 도그, 명나라 때는 무단 도그라고 불렸다. 청나라의 서태후는 이 개를 특히 좋아해 궁에서 백 마리 이상이나 키웠다고 한다. 1860년 아편전쟁 때 중국을 침략한 영국군에게 이 개가 유출될 것을 우려해 황제 함풍제는 이 개를 모두 죽이라고 명령했다. 그러나 다섯 마리가 살아남아 결국 유출되었고 오늘날의 페키니즈가 되었다. 페키니즈와 티베트에서 공물로 받은 라사압소 Lhasa Apso 가 교배해 탄생한 시츄 역시 중국 황실에서 반려견으로 사랑받은 개다. 한나라 시대에는 투견으로 사용되었다가 점차 반려견이 된 '쭈글탱이' 샤르페이 Shar-pei 역시 황실의 반려견이었다.

평민들은 반려견과는 거리가 멀었고, 기껏해야 경비견 정도만 키울 수 있었다. 게다가 개고기를 먹는 것은 문제 삼지 않는 고대 중국이 반려견을 키우는 것은 윤리적이지 못하다고 비판했다. 사실 중국에서 개는 귀족적 특권을 나타내는 징표였다. 왜냐하면 음식을 위해서든 제물로서든 개를 많이 소유한다는 것은 돈이 많다는 것을 의미했고 권력자임을 나타내는 것이었다. 또한 제국 시대의 중국은 항상 주변국으로부터 공물을 받았는데, 공물 중에는 지역의 특이한 개들도 포함되어 있었다. 티베트로부터 마스티프와 라사압소를 받은 것처럼 말이다. 이러니 초기 중국에서 개는 항상 왕족 혹은 귀족적 특권과 연계되어 있었다. 반려견에 대한 윤리 문제는 주로 사치에 관련된 것이었다. 반려견을 키우는 것은 시간과 자원, 감정의 사치라고 비판받았다. 럭셔리한 취미 정도라고 할까? 유교 경전 중 하나인 예기의 곡례에서는 관청에서 개 이야기를 하지 말아야 한다고 했다. 개 이야기가 지배계층이 자신들의 의무를 다하지 않고 생각을 어지럽히는 데 일조한다는 것이다. 이러한 인식은 전국시대(기원전 403~221년) 이후 더욱 두드러졌다.

고대 중국인들이 개고기를 섭취하고 제물로 사용하기도 했지만 동물복지에 관한 고민도 발견할 수 있다. 예기의 곡례에서는 개들에 대한 예의를 기술하고 있다. 예를 들어 손님 앞에서 개에게 뼈다귀를 던지는 행위와 사람들 앞에서 개를 윽박지르는 것은 무례한 짓이라고 설명한다. 이것은 동물에 대한 예의의 문제였다. 유교가 아무래도 인간의 도덕성을 강조하는 종교이기 때문에 개에 대한 인간의 도덕을 이야기한 것 같다.

공산주의 아래 멸종 위기에 처한 개들

고대로부터 이어져 온 중국인들의 반려견 사랑은 1949년 공산화 이후 급격히 축소되었다. 중국 공산당은 반려견을 키우는 것이 부르주아지적 감정을 의미하고 데카당스의 상징이라고 비판하면서 반려견 소유를 금지하였다. 이러한 정책은 1960년대 중국의 문화대혁명을 통해 더욱 강화되었다. 반려견 소유는 자본주의의 부르주아지의 상징이므로 개들은 계급투쟁과 연관되어 비판받았다. 경찰들은 눈에 띄는 거리의 개들을 대대적으로 사살하면서 일부 견종의 멸종까지 가져왔다. 중국의 대표적 견종 중 하나인 샤르페이나 티베탄 마스티프는 거의 멸종될 뻔했다. 대형견이었던 샤르페이는 다행히 외국으로 밀수출되어 살아남았지만 환경이 다르다 보니 현재처럼 작아졌다고 한다. 이런 개들의 위기는 이

데올로기적 변화에 의해서만 발생했다고 보기 어렵다. 당시 식량 부족에 시달리던 중국이 개에게까지 줄 식량이 부족했던 것도 이유 중 하나였다. 중국의 반려견 문화가 조금씩 변하기 시작한 것은 1970년대 후반 등소평이 정권을 잡고 개혁개방을 주창하면서부터었다. 개혁개방을 통해 이룬 경제성장과 서양 문화의 수용은 반려견 문화를 다시 성장하게 했다. 그러나 시진핑이 정권을 잡은 이후 부패척결운동을 시행하자 천정부지로 뛰던 차우차우 가격이 떨어지면서 다시 고기로 팔려나간 일도 있다.

인간과 숲의 공존을 꿈꾸는 하얀 개

일본 1

한번도 개를 사랑한 적 없다면, 영혼의 일부가 깨어 나지 않은 것이다.
– 아나톨 프랑스

일본 북해도의 대설산에는 산의 정령인 레타르 세타(하얀 개) 신이 살고 있었다. 그는 늦은 나이에도 결혼을 못했다. 섬 전체를 둘러보아도 마땅한 신부를 찾을 수 없었기 때문이었다. 이에 레타르 세타는 자신의 신성한 능력을 이용해 바다 건너까지 세상을 죽 둘러보았고 이윽고 멀리 떨어진 섬에서 마음에 드는 여인을 찾아냈다. 그리고는 자신이 가진 기묘한 능력으로 그녀를 꾀어내어 보트에 태우고는 바다를 건너오게 하였다. 레타르 세타는 북해도에 도착한 신부와 마침내 결혼을 하였고 세 명의 아이를 낳아 번성하게 하였다.

레타르 세타 신화는 일본 북해도(홋카이도)와 본토인 혼슈섬 북

레타르 세타 신화를 모티브로 한 영화 〈모노노케 히메〉의 한 장면

단에 살고 있는 아이누Ainu 인들의 기원을 설명해준다. 어떤 지역에
서는 사람이 되고 싶었던 하얀 개가 인간에게 시집와서 아이 세 명
을 낳는다는 이야기로 바뀌지만 결국은 아이누인들의 조상이 개
라는 이야기이다. 그들은 원래 시베리아를 거쳐 일본에 들어와 일
본 문화의 원형을 구성하는 조몬 시대에 일본 전역에 걸쳐 살았던
민족이다. 하지만 훗날 중국과 한반도를 거쳐 일본으로 건너간 야
요이인들과 섞이거나 일부는 세력 싸움에서 져 북단으로 밀려난
민족이다. 현대 일본인의 주류를 이루는 야마토인들이 조몬인들과
야오이인들의 결합에 의해 탄생했으니 야마토인들은 아이누인들
의 DNA 역시 일정 부분 가지고 있다고 보아야 하지 않을까?

레타르 세타 신화는 일본 애니메이션의 거장 미야자키 하야오 감독의 소재가 되어 1997년 〈모노노케 히메〉로 재탄생하게 된다. 우리에게는 원령공주로 더 잘 알려진 모노노케 히메는 자연과 인간의 공존을 이야기하는데, 이것은 아이누인들이 자연과 더불어 살아가던 방식에서 영향을 받은 것이다. 그들은 숲에 수많은 정령들이 살고 있다고 생각했고 꼭 필요한 만큼의 사냥을 통해 숲과 공존하며 살았다. 아이누인들에게서 수많은 토테미즘이 나타나는 것은 바로 이 때문이었다.

그런데 왜 하필 개일까? 왜 자신들이 숭배하는 곰이 아닐까? 레타르 세타 신화에 등장하는 개는 오늘날 홋카이도 개라고 불리는 주요 일본 견종의 원형이다. 그들에게 있어서 개는 숲과 인간 세계의 경계에 위치하는 동물이었다. 이는 개가 현세와 내세의 경계에 있는 동물이라고 믿는 고대 메소포타미아나 인도 신화에서 나타난 상징과 유사한 것이다. 왜냐하면 일본의 종교관에서 숲은 죽음 이후의 세계, 즉 내세와 다름없다. 원래 일본의 전통 종교인 신도는 내세관을 가지지 않았고 죽으면 그저 조상신이 되는 종교관을 가졌다. 하지만 윤회를 교리로 하는 불교와 결합하면서 죽음 이후의 세계 관념이 조금씩 등장하였는데, 불교의 사후 세계관을 완전히 받아들인 것이 아니라 죽음 이후에 숲에서 신령이 되는 것으로 변화시켜 받아들였다.

어쨌든 레타르 세타 신화에 따르면 오늘날 일본인들의 피에는 개의 DNA가 조금씩 들어있는 것 아닌가? 그렇다면 일본인들이 왜 그렇게 개를 좋아하는지 충분히 이해가 간다. 개를 좋아할 수밖에 없는 DNA를 가지고 있었던 것이다. 오늘날에는 개보다 고양이를 더 좋아하는 일본인이지만 20여 년 전까지만 해도 개는 일본 사람들이 가장 좋아하는 반려동물이었다. 사실 고양이는 일본인들의 반려동물은 아니었다. 행운과 부를 상징하는 마네키 네코 인형이 일본의 거리와 가정집 곳곳을 점령하고 있지만, 사실 고양이는 사악함의 대명사나 다름없었다. 일본 설화에서 몇 가지 경우를 제외하면 고양이는 긍정적이거나 인간에게 도움이 되는 동물로 묘사되지 않는다. 오히려 고양이는 요괴나 나쁜 사악한 정령으로 등장하는 경우가 더 많다.

일본이 집사의 나라가 된 사연

기왕 고양이 이야기를 한 김에 잠시 옆길로 빠져보자. 그렇다면 고양이는 왜 오늘날 부와 행운의 상징이 되었을까? 일본인들의 고양이 사랑은 사실 여러 조건이 맞아떨어진 결과일 확률이 높다. 일본에 고양이가 전해진 것은 10세기경 에도시대였다. 처음 보는 희귀한 동물이 외국에서 들어왔으니 아마도 신기했을 게다. 따라서 당시의 귀족들은 고양이를 반려동물로 귀중하게 생각했고 가격도 매우 비쌌다고 한다. 쌀과 생선을 주식으로 하는 일본에서 쌀을 훔쳐 먹는 쥐를 잡아주기도 하고 남는 생선을 던져주면 한없이 좋아했을 터이니 얼마나 예뻤겠는가? 때문에 고양이는 부자들의 전유물로 귀하게 대접받고 살아온 동물이었다. 그렇다고 해서 고양이를 부와 행운의 상징으로 바라보지는 않았다. 오히려 개가 부와 행운의 상징이었다.

고양이는 사실 개보다 손이 덜 가고 작은 주택에서 키우기에 훨씬 수월하다. 하지만 또 다른 이유가 있다. 바로 1971년 탄생한 헬로키티 때문이다. 일본의 40대 이하 젊은 세대들은 헬로키티 문화 속에서 성장한 이른바 '헬로키티 세대'이다. 헬로키티 캐릭터를 가지고 놀면서 성장한 세대들이 고양이에 대한 친근감을 가지게 된 것은 당연하다. 하지만 일본이 냥집사의 나라가 된 더 중요한 이유는 아마도 1980년대까지 고도성장을 가져온 버블경제가 꺼지고 1990년대 이후 긴 불황의 늪이 시작되었기 때문일지 모른다. 일본에서 고양이는 부와 행복, 행운, 번영의 상징이다. 일본의 상점마다 세워져 있는 마네키 네코는 에도시대에 한 대지주가 고양이가 한 손을 들고 자신에게 오라는 신호를 한 것을 보고 그쪽으로 가자 방금 전에 서 있던 자리에 번개가 쳐서 죽음을 모면했다는 전설로부터 유래했다. 이 전설이 고양이를 행운과 번영의 상징으로 만들어주었다. 경제적으로 어려운 시기에 행운을 상징하는 고양이를 옆에 두는 것이 유행했기 때문이리라.

부와 행복을 부르는 마네키 네코 인형

늑대와 가장 많이 닮은 일본의 개

어쨌든 마네키 네코가 유행하기 전에는 일본인들이 좋아하는 동물은 고양이보다는 개였다. 이것은 아시아에서 공통적이었다. 일본에 개가 들어온 것은 조몬 시대였다. 일본이 대륙과 연결되어 있었을 때 중국이나 시베리아를 통해서 남쪽과 북쪽에서 동시에 들어왔을 것이다. 최근에 발굴된 이 시기의 집터에서 사람의 발자국과 개의 발자국이 함께 확인되었는데, 이것은 당시의 개들이 반려동물의 기능을 했다는 것을 보여준다. 또한 발굴된 개 뼈들이 조각나 있지 않은 것으로 보아 조몬인들이 개를 먹지는 않았던 것 같다. 오히려 개들 역시 무덤을 가지고 있었던 것으로 나타났다.

조몬 시대의 개들은 점차 훗날 한반도에서 건너온 야요이인들이 데려온 개들에게 밀려나게 되었다. 야요이인들이 점차 중부에서 지배적인 위치를 차지하게 되면서 조몬인들이 일본의 북단이나 남단으로 밀려났기 때문이다. 따라서 오늘날의 홋카이도와 오키나와에서는 조몬 시대의 개 유적들이 많이 발견되고 중부 혼슈섬에서는 야요이 시대의 개 유적이 많이 발견되고 있다. 조몬 시대와 야요이 시대의 개들은 오늘날 일본 개들의 원형으로 지역에 따라 환경에 적응하면서 아키다, 토사, 시바, 카이, 홋카이도 등으로 발전되었다. 일본 개는 산악이 많은 환경에 적응하면서 오늘날처럼 중소형으로 진화했고 외부와 차단된 섬나라였기 때문에 외부 견종과의 혼종이 이루어지지 않았다. 따라서 일본 개들은 원형인 늑대와 DNA적으로 가장 많은 부분에서 닮아 있다고 한다.

수호신이 된 개, 테라코타와 코마이누

다른 문명들에서처럼 일본에서도 개가 사악한 기운이나 불운으로부터 인간을 지켜줄 거라 믿었다. 하지만 이것 때문에 때때로 희생양이 되기도 했는데 조몬 시대 사람들은 개를 집 아래 묻거나 개의 피를 집터 위에 뿌리는 관습을 가지고 있었다. 아마도 산 채로 묻었을 것이다. 이것은 영국, 스웨덴, 스칸디나비아에서 교회를 새로 만들 때 북쪽에 검은 개를 산 채로 묻었던 것과 유사하다. 아마도 불결한 어떤 것으로부터 지켜달라는 의미였을 것이다.

개의 모습을 한 하니와 토기

또한 한밤중에 개가 짖으면 지진의 전조라고 믿었고, 개가 지붕 위에 올라가면 화재를 예견하는 것이라고도 생각했다.

개의 수호신적 기능은 장례 용품 속에서도 나타난다. 기원후 2세기 정도부터 7세기까지 일본인들은 진흙으로 테라코타 점토 인형을 만들어 장례 용품으로 사용했다. 이것은 한반도에서 일본으로 건너간 가야나 백제인들의 장례 문화와 토기 문화에 영향을 받은 것이다. 어쨌든 '하니와'라고 부르는 이 테라코타는 집 모형에서 사람, 각종 동물들의 모형까지 다양했는데, 이 중에는 개도 포함되어 있었다. 장례용품 토기 중 개가 포함된 것은 개로 하여금 망자들을 지키거나 망자들의 영령으로부터 산 자들을 지켜달라는 의미였다.

수호신으로서 개의 이미지는 고마이누를 통해서도 확인할 수

고마이누 석상

있다. 일본의 신사 내부나 외부에 석상으로 세워져 있는 코마이누가 고구려 개, 즉 고구려에서 건너온 개라는 주장이 있다. 한편 뿔이 달려 있는 것으로 보아 개가 아니라 오히려 중국에서 시작된 해태가 고구려로 전해지고 이것이 일본으로 전해진 것으로 보는 것이 더 타당하다는 주장도 있다. 하지만 중국과 한국에서 해태는 불을 먹는 개를 의미한다. 여기에 상상력이 동원되어 다양한 형태로 변형된 것이다. 따라서 고마이누가 개가 아니라 해태라는 주장은 큰 의미가 없다. 해태가 바로 개로부터 탄생한 상상의 동물이기 때문이다.

이누하리코 인형

　수호신으로서 개의 역할은 이누 하리코라는 종이인형에서도 볼
수 있다. 일본을 방문하는 사람들이 종종 선물로 사오는 이누 하리
코는 종이를 틀에 붙여 만든 종이 개 신령이다. 이는 개가 고통 없
이 새끼를 잘 낳는 것을 보고 순산을 기원하기 위해 만든 것이지만
순산뿐만 아니라 아이가 사악한 기운으로부터 보호되어 건강하게
잘 자라라는 의미 역시 담고 있기 때문에 행운의 상징이다.

　과거 일본의 엄마들은 8월 10일이 되면 아이들의 이마에 붉은
색 잉크로 개いぬ라는 글씨를 써주곤 했다. 이는 우부메도리라고
부르는 새가 아이들을 낚아채가지 못하게 하기 위해서였다. 원래

이 새는 머리가 열 개 달린 요괴인데 머리 하나를 개가 물어 먹어 버렸기 때문에 피를 흘리며 날아다닌다고 생각했다. 만약 새의 피가 지붕에 떨어지면 불운의 상징으로 여겼다. 따라서 일본의 엄마들은 아이들의 옷을 밤에 밖에 널어놓지 않았다. 붉은색으로 개라는 글씨를 쓰는 것은 개가 새를 쫓아주는 능력을, 붉은색은 사악한 기운을 물리친다고 생각했기 때문이다. 일본의 전설이나 민속에 따르면 개는 초자연적인 힘을 가졌기 때문에 고양이나 여우로 변신한 요괴를 쫓아준다고 생각했다. 고양이나 여우로 변신한 요괴들이 개 부적을 보는 것만으로도 원래 요괴의 모습으로 변하여 도망간다고 생각했다.

과거 일본에는 하야비토라는 황제의 친위부대가 있었는데, 이 부대의 역할은 황제가 여행길에 나서 강을 건너거나 골목길에 들어설 때 혹은 궁정에서 행사를 진행할 때마다 개 짖는 소리를 내는 것이었다. 이들은 개 마스크를 쓰고 황제를 보좌했다. 황제가 죽으면 무덤 주변에 하야비토 석상을 만들어두기도 했다.

행운을 부르는 하얀 개

과거 일본에서 개가 부정적인 이미지를 전혀 가지지 않았던 것은 아니다. 중국의 문화적 영향이 강했던 14세기까지는 어느 정도 부정적인 이미지를 가지고 있었다. 하지만 당시에도 하얀 개는 예외였다. 아시아에서 개는 공통적으로 행운의 상징이었고 일본에서는 특히 하얀 개를 상서로운 동물로 생각했다. 때문에 일본 설화에 등장하는 대부분의 개는 하얀색이다.

옛날 옛적에 한 마음씨 착한 노인 부부가 자식처럼 아끼는 하얀 개와 함께 살았다. 하루는 개가 마당 한구석을 파는 모습을 보고 가까이 가보니 그곳에는 금화로 가득 찬 상자가 놓여 있었다. 이 소문을 들은 하나사카라는 노인이 부부에게 개를 빌려 자신의 집으로 데려가 마당을 파게 했다. 하지만 그곳에서는 쓰레기들만 잔뜩 나왔다. 화가 난 노인은 그 자리에서 개를 죽여버렸다. 개의 죽음을 슬퍼한 부부는 개의 시신을 가져다가 소나무 아래 정성스레 묻어주었다. 하루는 남편이 꿈을 꾸었는데 개가 나타나 소나무를 베어 그릇을 만들라고 했다. 부부가 나무를 베어 그릇을 만들고 거기 쌀을 넣자 쌀이 금으로 변했다. 이 소식을 들은 하나사카 노인은 다시 부부에게 그 그릇을 빌려 쌀을 담았지만 역겨운 냄새가 나는 딸기로 변했다. 화가 난 노인은 이 그릇을 부수어 태워버렸다. 그날 밤 부부의 꿈에 개가 나타나 노인이 부숴 태워버린 재를 가져다가 체리 나무에 뿌리라고 말했다. 부부가 그대로 하자 체리 나무의 꽃이 만개해 지나가던 영주가 보고는 감동받아 부부에게 큰 선물을 내렸다. 마음씨 나쁜 노인이 이를 보고는 따라 했는데 지나가던 영주의 눈에 재가 들어가 노인은 감옥에 들어가게 되었다.

마치 흥부와 놀부의 제비 이야기와 유사한 이 설화는 하나사카 지산이라는 일본 설화이다. 설화는 사실 꾸며낸 이야기에 불과하다. 하지만 설화는 민족의 전통, 가치관, 정서, 문화 등을 포함하고 있기 때문에 설화 속에 나타난 개의 이미지를 통해 일본인들이 개를 어떻게 생각해왔고 개에게 어떤 의미를 부여하고 있는지 알 수 있다. 아마도 이 설화가 흰 개를 행운을 가져다주는 동물로 인식하게 만드는 데 중요한 역할을 했던 것 같다.

2018년 무술년에 제작된 연하장

또 한 가지 일본인들은 소나무에 개의 영혼이 깃들어 있다고 생각한다. 2018년 개의 해에 발행된 연하장에는 개와 함께 소나무가 등장한다. 아시아에서 소나무는 충성과 정절의 상징이다. 따라서 한 주인만을 섬기는 개의 덕성 때문에 소나무에 개의 영혼이 있다고 믿는 것은 어떻게 보면 당연한 귀결일 수 있다.

이렇게 주인에 대한 충성을 상징하는 개가 일본 지배계층으로부터 사랑받는 동물이 된 것은 당연했다. 개와 주인 사이에 존재하는 충성의 관계는 사무라이와 쇼군 사이에 존재하는 충성의 관계로 은유되었을 것이다. 따라서 12세기 이후 그림에 쇼군에 대한 충성을 소중히 생각하는 사무라이와 개가 함께 등장하는 것이 전혀 이상한 것이 아니다. 에도시대에 개를 주제로 하는 수많은 예술작품이 제작되었다는 것 또한 이런 측면에서 이해할 수 있다.

사무라이 재팬, 사무라이 도그

일본 2

개는 짧은 인생의 대부분을 매일 우리가 집에 돌아오기를 기다리며 보낸다.
— 존 그로건

아픈 말을 방치하거나 비둘기에게 돌을 던지는 사람은 먼 외딴 섬으로 추방한다. 새 둥지가 있는 나무를 베는 자는 처벌받는다. 농촌의 주민들은 강아지 보호소를 만들기 위해 강제로 이주시킨다. 총으로 새를 쏘아 죽여 파는 일을 하면 자살을 권유하거나 사형에 처해진다. 개를 죽이는 것을 신고하는 사람에게는 30료(지금의 3만 달러)의 상금이 주어진다.

　과거 일본에 살았던 동물들이 가장 행복했던 시절은 아마도 17세기 후반이었을 것이다. 이 시기의 일본은 동물들에게는 천국과도 같은 장소였기 때문이다. 당시 일본에는 '살아 있는 생명체에 대한 연민에 관한 법'이 있어 동물들을 함부로 해하거나 학대

도쿠가와 츠나요시 쇼군의 초상

하지 못했다. 이 법은 소위 '개 쇼군'으로 알려진 에도시대의 츠나요시 도쿠가와에 의해 만들어졌다. 개띠 해에 태어난 그는 자신의 전생이 개라고 믿었고, 때문에 동물들 중 특히 개에게 특별한 애정을 쏟았다고 한다. 예를 들면 만약 개가 다치게 되면 개 주인을 심하게 처벌할 정도로 강력한 법을 만들어 시행했다. 때때로 사형을 받는 경우도 있었다고 전해진다.

개들은 행복했겠지만 부작용도 있었다. 사람들은 처벌을 받지 않기 위해 하나둘씩 개를 버리기 시작했다. 거리와 들판에 개들이 넘쳐나자 정부에서는 유기견을 수용하기 위해 거대한 견사를 짓기 시작했다. 이윽고 견사는 93헥타르(약 28만 평)까지 넓어졌고,

약 10만 마리의 개들을 먹이기 위해 오늘날 단위로 환산하면 1년에 약 1억 7천만 달러를 지출해야 했다. 개들은 급기야 20만 마리까지 늘어났다. 견사가 위치한 주변 마을들은 개 한 마리당 성인 남성의 임금에 해당하는 금액을 기부해야 했고, 돈을 내지 못하면 대신에 집에서 개를 돌봐야 했다. 마침내는 개들을 돌보기 위한 비용이 너무 많아져 당시 츠나요시 정부의 재정을 위협하기도 했다.

개에 대한 사랑이 결국에는 국민들을 도탄에 빠지게 하고 정부를 위기에 빠뜨렸다. 그런데 츠나요시 쇼군의 정책이 단지 개를 너무 사랑했기 때문은 아니었다고 한다. 츠나요시는 지독한 마마보이였고 게이였다고 알려져 있다. 그리고 그에게는 아들이 없었다. 한 스님은 그에게 자식이 없는 것은 전생에 살아 있는 생명을 죽였기 때문이라고 이야기했고, 아들을 낳기 위해서는 동물들을 잘 대우해야 한다고 조언했다. 이 때문에 그가 개를 포함한 동물들을 소중히 대했다는 이야기도 있다.

충성을 다하는 사무라이의 개

츠나요시가 개를 특별히 대우했던 또 다른 이유는 개가 충성을 상징하는 동물이기 때문이다. 쇼군의 권력은 사무라이라고 하는 군인 집단의 충성에 의해 유지된다. 앞 장에서 사무라이와 개의 관계를 설명했듯이 개의 충성심은 사무라이의 쇼군에 대한 충성심과 비유할 수 있는 것이다. 자신의 충성심을 보이기 위해 할복까지 하는 사무라이들의 이야기를 많이 보지 않았는가? 개들의 주인에 대한 충성심은 바로 이러한 사무라이들의 쇼군에 대한 충성심과 다를 바 없었다. 따라서 개들을 잘 대우해 준다는 것은 주인에게 충성하는 사무라이들에게 개와 같은 충성을 보이라는 의미가 강했을 것이다.

18세기 사무라이와 개의 모습

일본 개의 사무라이 정신은 제2차 세계대전에서도 여실히 드러났다. 실제로 주인에게 죽음으로 충성을 바친 것이다. 전쟁 당시 세계 각지에서 전쟁을 벌이고 있던 일본은 전쟁에 참가할 전쟁견들의 수요 부족을 겪고 있었다. 전쟁터에서 개들은 때로는 경비견으로서 때로는 연락책으로서 유용한 도구였다. 전쟁터에 보낼 개가 부족해지자 일본 정부는 개인들이 소유하고 있던 개들을 전쟁터로 보내는 것이 국가에 대한 애국심의 상징인 것처럼 선전전을 펼쳤다. 이러한 선전전은 어린이들에게 집중되어 수많은 개들이 전쟁터에 나가 죽임을 당했다. 도쿄 남서부에 위치한 가나가와현의 즈시 Zushi 시에는 엔메이 Enmei 라는 절이 있는데, 그곳에는 대리석으로 만들어진 동물애호위령비가 있다. 그런데 사실 이곳에는 원래 1931년 만주에서 활약한(?) 메리, 나치, 콩고라는 세 마리의 독일셰퍼드의 영웅담을 기리기 위한 위령비가 서 있던 곳이었다. 즈시시의 시민들이 기증해 일본의 관동군에 배치된 세 마리의 셰퍼드들은 이른바 만주사변 전쟁에 참전하였다. 이 전투에서 세 마리의 셰퍼드들은 포탄이 터지는 전쟁터에서 임무를 수행하다가 생을 마감하게 되었다.

일본 제국주의에 이용당한 하치

일본 제국주의에 이용된 개들이 이들만은 아니었다. 영화 〈하치 이야기〉로 잘 알려진 아키타견 하치 역시 제국주의의 희생양이었다. 오리지널 하치 이야기는 다음과 같다.

1925년 5월 21일 해가 질 무렵 두 살배기 강아지 하치는 습관적으로 집을 나섰다. 잠시 후 그가 도착한 곳은 시부야역 앞이었다. 역 앞에 쭈그리고 앉은 하치는 동경에서 출발하는 통근 열차가 도착하기만을 기다렸다. 기차 안에는 그가 하루 종일 기다렸던 주인인 우에노 교수가 타고 있을 것이 분명했다. 기대와 설렘을 가득 품은 채 기다리던 하치 앞에 드디어 기차가 도착하고 사람들이 하나 둘씩 내리기 시작했다. 평소 같으면 맨 먼저 내리는 우에노 교수에게 달려들어 반가움을 표현했겠지만 웬일인지 그날은 아무리 기다려도 우에노 교수가 나타나지 않았다. 한참을 기다려 다음 기차가 도착했지만, 이번에도 우에노 교수는 나타나지 않았다. 그는 우에노 교수가 학교에서 강의 중 뇌출혈로 쓰러져 사망했기 때문에 돌아올 수 없다는 사실을 모르고 있었다. 집으로 돌아온 하치는 다음 날 저녁 또다시 시부야역으로 향했고 역시 홀로 집으로 돌아왔다. 그렇게 하치는 1935년 3월 8일 길거리에서 쓸쓸히 죽음을 맞이할 때까지 10여 년 동안 매일같이 시부야역에 나와 우에노 교수를 기다렸지만 끝내 주인을 만나지 못하고 숨을 거두고 말았다.

10여 년 동안 매일같이 주인을 기다리는 개가 있다는 이야기가 신문을 통해 알려지자 하치는 일약 전국구 스타가 되었다. 주인에 대한 충성의 상징이 된 것이다. 시부야역과 그가 태어난 오다테역 앞에는 하치의 동상까지 세워졌다. 그가 죽은 이후에는 아오야마 공동묘지에 묘비가 세워졌고, 그의 시신은 박제가 되어 오늘날 동경의 우에노 국립 자연사 박물관에 전시되고 있다. 이후 그의 이야기는 수많은 만화와 책으로 출판되었고, 1987년에는 세이지로 코야마 감독에 의해 〈하치 이야기〉라는 영화로 제작되었다. 2009년에는 리차드 기어가 주연한 〈하치 이야기〉로 재탄생하기도 하였다.

아름답고 감동적인 이야기이지만 사실 하치 이야기는 고대 그리스의 아르고스, 이탈리아의 피도 Fido, 우리나라의 오수개와 같은 보통의 충견 이야기와 다를 바 없다. 하지만 하치는 소설이나 영화, 혹은 수많은 캐릭터 상품들을 통해서 아르고스나 피도를 제치고 세계에서 가장 유명한 충견 중 하나가 되었다.

하치가 이렇게 유명해지게 된 데에는 사실 일본의 제국주의적 야욕이 숨어 있었다. 1932년 신문 보도로 하치 이야기가 세상에 알려지자 당시 일본 정부는 의도를 가지고 하치 이야기를 적극적으로 알리기 시작했다. 교육부는 하치 이야기를 주인에 대한 충성의 상징으로 교과서에 실었다. 당시는 일본 정부가 아시아 패권을 위해 만주를 침략하고 대륙 진출을 본격화하고 있던 시기였다. 일본 정부의 입장에서는 국가를 위해 죽음도 불사하는 국민들의 충

시부야역에 위치한 하치코 동상

성심과 애국심이 요구되던 상황이었다. 따라서 정부는 하치 이야기를 통해서 국가에 대한 충성이 훌륭한 덕성이라는 믿음을 전파하고자 했던 것이다. 이후 수많은 일본의 젊은이들이 천황을 위해서 폭탄을 싣고 적진을 향해 자살 공격을 할 정도로 충성심을 보였으니 결과적으로 일본 정부의 정책은 성공한 셈이다. 하치가 죽기 전에 서둘러 동상을 세워주고 공公이라는 칭호를 붙여 하치코라고 부른 것도 바로 이 때문이었다.

일본에서 개들이 제국주의의 희생양이 된 것만은 아니었다. 일본에는 전통 놀이인 이누오우모노라는 놀이가 있었는데, 이 놀이는 말을 탄 궁수들이 활로 개들을 맞히는 경기였다. 원래는 사무라이들의 군사훈련을 위해 고안된 훈련의 일종으로 실제 화살이

이누오우모노 놀이

사용되어 수많은 개들이 희생되곤 했다. 하지만 불교계의 조언으로 화살촉이 뭉툭하게 만들어져 개들이 희생되지는 않았지만 명백히 학대에 가까운 놀이 문화였다. 이 놀이는 19세기 중반 이후에 점차 줄어들었지만 1879년 외국 사절이 방문했을 때 역시 실시해 비난을 받기도 했다.

일본의 무서운 개, 인면견과 이누가미

일본의 전통문화에서 개는 충성과 행운을 상징하지만 때때로 귀신의 형태로 등장해 사람에게 해를 끼치는 동물로도 나타난다. 대표적인 개 귀신은 인면견으로 특히 17~18세기 에도시대에 이와 관련된 이야기가 많이 회자되었다. 사람의 얼굴을 한 개 인면

인면견

견은 주로 밤에 나타나는데, 사람이 가까이 다가가면 "날 좀 내버려 둬"라고 말했다고 한다. 불길한 징조나 불운을 상징하는 것으로 알려진 인면견은 에도시대에 한 마리가 사로잡혀 서커스단에 팔려 공연에 끌려다녔다고도 한다. 인면견은 오늘날에도 자주 목격담이 나오고 있다. 도시의 쓰레기통 주변이나 고속도로변에서 발견된다

이누가미 신

고 하는데, 고속도로에서 교통사고로 죽은 사람의 영혼이 지나가던 개에 달라붙어 달리는 차를 쫓아온다고도 전해진다. 만약 차가 인면견에 추월당하면 반드시 사고를 당하게 되어 있다는 이야기도 있다. 하지만 이 인면견은 사실 일본 전역에 많이 펴져 있는 멀리서 보면 개와 닮은 마카크 원숭이일 확률이 높다.

또 다른 개 귀신도 있는데, 최근 〈방법〉이라는 드라마에서 나오는 개귀신인 이누가미犬神다. 이누가미는 일본 남서부 지역에서 전해 내려오는 귀신으로 사람이 인위적으로 만든 귀신이다. 이누가미를 만드는 방법은 지방에 따라 다양하게 나타나지만 일반적으로 개를 머리만 내놓게 하고 굶주리게 한 뒤 머리 앞에 음식물을 둔다. 개가 배가 고파 음식이 먹고 싶어 지칠 때쯤에 개의 목을 베어 죽이는 방법으로 누군가에게 개귀신을 씌우게 하는 것이다. 이렇게 만들어진 개귀신은 그 사람을 해코지하게 된다고 한다. 그런데 이 개귀신은 모계 쪽으로 계승되어 집안을 계속해서 괴롭힌다. 하지만 그 집안이 제사를 지내 이누가미 신을 모시게 될 경우에는 그 집안이 번성하게 된다는 이야기도 있다.

세상에 나쁜 개는 없다

한국

충실한 친구 셋을 꼽자면,
아내, 생을 오래 함께 한 개, 그리고 많은 돈을 꼽겠다.
– 벤저민 프랭클린

"어머, 오랜만이다. 이태리 여행 갔다 왔다며, 정말 개 부럽다. 그런데 여행은 어땠어?"

"완전 개 고생했지 뭐. 개 힘들게 아르바이트해서 돈 모아 갔었는데, 완전 개 짜증 나는 거야."

"왜, 무슨 일 있었어?"

"어휴, 말도 마. 음식도 개 맛없고 사람들도 개 불친절하고 물가는 개 비싸더라고"

"그래? 내 동생도 작년에 거기 갔다 왔는데 개 좋았다고 그러던데… 사람들도 개 간지나고, 개 멋진 남자들도 많았다고 하던데. 풍경은 또 어찌나 친절하던지 완전 개 감동이었대."

"그래? 나만 개 같은 여행이었나?"

요즘 우리나라 10~20대들 사이에서 있을 법한 대화를 재구성해보았다. 대화처럼 요즘 젊은 세대들은 명사나 동사에 '개'를 접두사로 붙여서 사용하곤 한다. 사실 개를 접두사로 붙여 사용하는 것은 이전부터 존재했던 전 세계적인 언어 습관이다. 하지만 이 경우는 대부분 부정적인 의미에서 사용되거나 의미 없는 것 혹은 못생긴 것을 의미할 때 사용되었다. 우리나라의 경우도 '개자식'처럼 '개'는 부정적인 의미를 만들어주거나, 떡은 떡이지만 못생기고 대충 만든 떡이란 의미의 '개떡'이나, 복숭아지만 맛도 없어 먹을 수도 없는 '개복숭아'처럼 볼품없거나 못생긴 것을 의미할 때도 사용한다. 혹은 '개망초'처럼 흔한 것을 의미할 때도 있다.

그런데 젊은 세대들이 사용하는 접두사 '개'의 사용은 이와는 조금 다르다. 과거에는 부정적인 의미로 사용되었던 '개'가 아이러니하게도 단어의 의미를 강조해주는 역할을 하는 것이다. '개'를 단어 앞에 붙이면 긍정적인 단어든 부정적인 단어든 모두 강조되어 버린다. 위 대화에서 '개'는 '정말,' 혹은 '너무'라는 부사적 의미를 가진다. 언어학에서는 이를 역문법화 현상이라고 부르는데, 이를 단순히 청소년들의 언어유희로만 볼 수는 없다. 자신의 감정이나 욕구를 차별화하기 위한 것이라는 해석도 있다. 그런데 왜 하필 '개'일까?

언어사회학이나 언어심리학자들은 동의하지 않을 수 있겠지만 이것은 반려견 문화의 성장과도 관련이 있을 것 같다. '개'를 강조의 의미로 사용하는 것은 2010년대 이후 나타난 현상이다. 과거에는 볼품없고 부정적이었던 '개'가 2000년대 애견 문화의 성장 이후에는 완전히 다른 존재가 되었다는 사실을 생각한다면 충분히 그럴 법도 하다. 2000년대는 개가 어느 무엇보다 소중하고도 대접받는 존재가 되었으니 개의 위상에 변화가 생겼다. 이제 '개'라는 단어가 과거의 볼품없고 의미 없는 존재가 아니라, 중요하고 대단하다는 의미로 쓰이게 된 것은 당연한 것 아닐까?

그런데도 구글에서 Korea와 dog을 키워드로 검색하면 95퍼센트 이상의 자료들이 개고기 문제와 관련된 것들이다. 그만큼 외부에서 바라보는 우리나라의 애견 문화는 부정적이다. 하지만 이는 '악화가 양화를 구축'하는 현상과도 같은 것일 수 있다. 역사적으로도 일부에 불과했던 개 식용 현상이 개와 관련된 우리나라의 전통적인 문화를 구축驅逐하고 마치 우리나라의 대표적인 문화인 양 비춰지고 있기 때문이다.

지배적이지 않았던 개 식용 문화

사실 우리나라 애견 문화에서 개 식용은 지배적인 문화가 아니었다. 북방 기마민족이자 몽골 인종에서 분화된 알타이어족이

약 1만 5천 년 전 중국 북부와 만주를 거쳐 한반도로 이동해왔다는 이야기는 한번쯤 들어봤을 것이다. 시베리아를 거쳐 일본의 북해도로 들어가 아이누족을 형성한 이들도 그들이었다. 아마 개들도 이들을 따라 한반도와 일본으로 유입되었을 것이다. 그런데 북방의 기마민족은 전통적으로 늑대 숭배 문화를 가지고 있었기 때문에 개를 먹지 않았다. 앞 장에서 설명한 레타르 세타 전설을 가진 아이누인들 역시 마찬가지였다. 이들과 마찬가지로 우리나라에서도 늑대를, 더 나아가 개를 존중했다. 최근 남해안의 늑도에서는 신석기 시대에 해당하는, 약 2000년 전 것으로 추정되는 사람과 개의 유골이 발견되었는데, 발굴된 개 유골에 외상이나 칼로 뼈를 자른 흔적이 없는 것으로 보아 당시 개고기를 먹지 않았음을 알 수 있다. 인골 26명 분과 개 유골 27마리 분이 함께 발견되었고 이들은 반려견이었으며 사후 세계에서도 함께하라는 의미로 순장되었을 확률이 높다.

개 식용 문화는 남방 농경문화의 전통이다. 이러한 문화가 중국을 거쳐 들어와 점차 전국으로 퍼져나갔지만 지배적인 문화는 분명 아니었다. 그런데 불교의 도입 이후에는 살생, 특히 개고기의 섭취를 금지하는 분위기였을 것이므로 개 식용이 있었다고 하더라도 일부 백성 계층에서 이루어졌을 것이 분명하다. 하지만 조선 시대 숭유억불 정책으로 유교 문화가 확산되면서 유교가 허용했던 개 식용이 확산되었을 가능성이 크다.

악을 물리치고 복을 가져다주는 동물

어쨌든 우리나라 전통 문화에서는 개를 음식으로서가 아니라 인간에게 복을 가져다주는 동물로 바라보았던 것이 확실하다. 개의 덕성이 도둑을 잘 지키는 것이니 자연스럽게 사악한 것을 물리치고 복을 불러오는 동물로 본 것이다. 또한 인간에게 충성을 바치거나 도움을 주는 존재로서, 혹은 전 세계에서 공통적으로 나타나는 이승과 저승을 연결하는 메신저의 역할을 부여하기도 했다. 이러한 인식은 개와 관련된 설화나 민담뿐만 아니라 그림 등에 나타난 개의 이미지에서 확인할 수 있다.

사악함을 물리치고 복을 불러오는 동물로서 개의 이미지는 다양하게 나타난다. 우선 개는 호신의 동물로 이용되었다. 조선의 풍속을 정리한 《동국세시기東國歲時記》에 따르면 민가에서 새해가 되면 동물을 그린 각종 부적을 집 안 곳곳에 붙여놓는데, 개 그림은 특히 대문이나 식량을 저장하는 곳간 문에 붙이곤 했다. 또한 개 그림을 부적으로 만들어 휴대하고 다니기도 했다고 한다. 이를 신구도神拘圖라 하는데 개 신을 그린 그림이라는 뜻으로 주로 사나운 개 모습을 한 형태로 그려진다. 특히 청각과 후각이 발달해 신라 시대부터 '귀신 잡는 개'라고 알려진 삽살개가 호신의 상징으로 많이 사용되었다. '없애다'라는 의미의 '삽'과 귀신과 액운을 의미하는 '살煞'이 합쳐져 삽살개가 된 것이니, 털복숭이의 이 개가 영적 능력을 가졌다고 생각했던 것 같다. 특별한 능력을 가졌다고 믿었던 이 개는 신라 시대에 귀족들의 개였다.

눈이 셋 달린 전설 속의 개

귀신 잡는 개로는 네눈박이 혹은 세눈박이 개도 있다. 삼목구三目拘는 조선 후기의 학자 이덕무가 저술한 《청장관전서》에도 등장한다. 옛날 경남 합천에 이거인이라는 사람이 살았는데 어느 날 길에서 눈이 셋 달린 강아지 한 마리를 발견하고는 집으로 데려와 정성과 사랑을 다 해 키웠다. 하지만 이 개가 3년 만에 죽자 불쌍히 여겨 무덤을 만들어주고 장사를 잘 치러주었다. 몇 년 후 이거인도 죽어 삼목귀왕三目鬼王을 만났는데, 삼목귀왕은 자신이 죄를 지어 이승으로 쫓겨났지만 한 귀인의 도움으로 3년 동안 사랑을 받으며 살다가 죽었다고 하면서 염라대왕 앞에 가거든 전생에 대장경을 만들다 왔다고 하라고 시켰다. 이거인이 염라대왕 앞에서 그렇게 말하니 그 중한 일을 다 마치지 못하고 왔으니 다시 돌아가 그 일을 완성하라고 이승으로 돌려보냈다는 이야기이다. 삼목구는 삼재를 쫓는데 쓰이는 부적으로, 그림으로 만들어 문에 걸어 두곤 했다고 한다.

이처럼 우리나라에는 숫자 3과 연결된 동물과 관련된 신화 혹

개 부적, 국립민속박물관 소장

은 전설들이 꽤 존재한다. 삼족오, 삼족섬, 삼족구三足狗 등이 그것들이다. 그 중 삼족구는 천년 묵은 구미호를 물리칠 수 있는 신성한 능력을 가지고 있는 다리가 셋인 전설 속의 개다. 이 전설은 사실 중국에서 유래한 것이다. 다양한 형태의 버전이 존재하지만 기본적인 내용은 이렇다. 고대 중국 은나라의 주왕 곁에는 구미호가 둔갑한 달기라는 첩이 있었는데, 그녀는 사람 죽이는 재미에 빠져 왕을 꾀어 무고한 사람들을 죽이는 등 폭정을 일삼게 했다. 이에 강태공이 자신이 기르던 삼족구를 왕궁으로 데려가 달기를 물게 하자 여우로 변해 죽었다. 이후 민심을 잃은 주왕의 은나라는 주나라에 의해 멸망하게 된다는 이야기이다.

이 삼족구 이야기가 우리나라에 들어와 후고구려를 세운 궁예의 왕비인 강 씨 이야기로 바뀌게 된다. 궁예는 왕비인 강 씨의 꾐에 빠져 소위 관심법이라는 미명하에 수많은 무고한 사람들을 죽였다. 신하들이 지금의 송파구에서 눈도 뜨지 못한 다리가 셋 달린 강아지를 데려다가 강 씨를 공격하게 하자 강 씨는 꼬리가 아홉 개 달린 구미호로 변해 도망가다 죽었다는 이야기이다. 더불어 궁예의 후고구려 또한 왕건에 의해 패망하고 새로운 고려가 세워지게 된다. 달기나 강 씨의 이야기는 패망한 나라의 부도덕성을 강조함으로써 후에 세워진 나라의 정통성을 만들기 위해 꾸며낸 이야기에 불과할 것이다.

어쨌든 삼족구나 삼목구 등은 숫자 3과 연관되는데, 그 이유는 무엇일까? 중국과 우리나라에서 3이라는 숫자가 신성하고 복을 가져다주는 숫자로 이해된다. 3은 태양과 빛을 의미하는 숫자 1, 땅과 그림자를 의미하는 숫자 2를 합한 것으로 조화와 완전함을 의미하는 숫자이다. 즉, 개가 신성한 영적 능력을 가지는 완전한 동물이라 생각했기 때문에 붙여졌을 것이다.

개 무덤 전설에 얽힌 이야기

복을 주는 동물로서 개의 이미지 역시 다양한 설화나 민담 속에 그려지고 있다. 미인이 된 흰 강아지 이야기도 이에 포함된다.

옛날 옛적에 한 바보스러운 아이가 홀로 어머니를 모시고 바닷가에서 살고 있었다. 아이는 어느 날 해변에서 놀다가 거인이 커다란 바위 위에 옷을 벗고 누워서 낮잠을 자고 있는 것을 발견했다. 아이는 장난삼아 말총으로 거인의 성기를 묶어두었다. 잠에서 깬 거인이 갑자기 고통을 느끼며 바다 속으로 들어가버렸다. 며칠 후 해변에서 놀고 있는 아이 앞에 거인의 딸이 나타나 아버지가 괴로워하고 있으니 병을 좀 고쳐달라고 애원했다. 거인의 딸을 따라 바다 속으로 들어간 아이가 거인의 성기에 묶여 있던 말총을 풀어주자 거인은 고마워했다. 거인은 아이에게 고마움의 표시로 주머니 하나와 흰 강아지 한 마리 중 하나를 줄 테니 선택하라고 했다. 주머니에 넣어가지고 다닐 것이 아무것도 없었으니 아이는 함께 놀 수 있는 강아지를 선택하고 강아지를 데리고 집으로 돌아왔다. 이상한 것은 강아지를 데리고 온 이후로 아이가 놀다가 돌아오면 집 안에 음식으로 가득 찬 상이 차려져 있었다. 이런 일이 매일같이 반복되자 하루는 숨어서 집을 지켜보았다. 아이가 나간 것을 본 흰 강아지는 털을 벗고는 아름다운 여인으로 변하더니 음식을 준비하는 것이었다. 아이는 얼른 강아지 털을 숨겨버리고는 다시 강아지로 돌아가지 못한 여인과 결혼해 행복하게 살았다.

전래동화인 '토끼와 거북이'와 '우렁각시' 이야기를 섞어놓은 것 같은 이 이야기는 제주도에서 전해 내려오는 설화이다. 이렇게 복을 가져다주는 이미지는 개 환생 설화와도 결합되어 나타난다. 대표적인 환생 설화는 경주 최부자집의 개 무덤 전설과 관련된 것으로 옛날 경주의 어느 마을에 한 과부가 아들딸 두 자식을 키우며 어렵게 살고 있었다. 과부는 평생 자식을 키우느라 고생하며 세상 구경 한 번 못 해보고 죽게 되었다. 평생을 자식 걱정만 하다가 죽은 과부를 안타깝게 여긴 염라대왕은 그녀를 아들 집의 개로 다시 태어나 자식들을 지켜줄 수 있게 도와주었다. 어느 여름날 아들은 개를 잡아 몸보신을 하려 계획했다. 아들이 칼을 날카롭게 갈고 개를 찾자 개가 사라지고 없었다. 개는 딸네 집으로 도망가 살려달라고 눈물을 흘렸다. 지나가던 스님에게 개가 환생한 어머니라는 사실을 전해 들은 아들은 누이 집으로 찾아가 개를 찾아 업고는 전국을 누비며 어머니에게 유람을 시켜주었다. 전국 유람을 마치고 고향 집으로 돌아오자마자 개는 스스로 땅을 파더니 그 자리에서 죽고 말았다. 슬피 울던 아들은 그 자리에 무덤을 만들었고, 집안이 거부가 되고 자손 대대로 번성했다는 이야기이다.

이 이야기는 부자의 대명사로 통하는 경주 최부자집의 시조에 관한 이야기로 경주 이조리에 있는 개 무덤에 얽힌 설화이다. 개 무덤과 관련된 설화나 민담은 전국에 걸쳐서 아주 많이 존재한다. 그런데 여기서 이야기하는 개 무덤은 실제 개 무덤이 아닐 수 있다. 예부터 '개'라는 단어는 '개떡'이나 '개복숭아'와 같이 가치가 없거나 볼품이 없는 경우에 사용되곤 한다. 따라서 별로 중요하지 않거나 누구의 무덤인지 모르는 의미 없는 무덤일 수 있다.

무서운 개는 없다, 신선개만 있을 뿐

의견 설화 역시 전국에 걸쳐 퍼져 있는 것으로 보아 우리 문화에서 개가 충성스러운 동물이라는 이미지가 강했음을 알 수 있다. 주로 자신을 희생해 주인을 구하거나 은혜를 갚는다는 내용이다. 술에 취해 들판에서 잠든 주인 곁에서 불이 나자 냇가에 뛰어들어 몸을 적셔 불을 끄고 주인을 살리고 죽은 전북 임실군 오수면의 오수개 이야기가 대표적이다. 일본에서는 찾아볼 수 없는 이런 의견 설화는 전라도, 경상도, 충청도 등 전국에 걸쳐 유사한 설화가 존재한다. 이 밖에 맹수나 귀신을 물리치고 주인을 구하는 형태(강원도 원주, 경주), 주인의 억울함을 풀어주는 형태(경남 하동) 등등 무수히 많은 의견 설화가 존재한다. 경북 선산군의 의구총과 의구비, 평양 선교리의 의구청, 충남 부여의 개 탑 등이 의견 설화와 관련된 것들이다.

일본에서 발견되는 개귀신과 같은 인간에게 해가 되거나 위협이 되는 내용들은 거의 포함되어 있지 않은 것으로 보아 우리 조상들은 개를 긍정적으로 바라보았던 것 같다. 무서운 개로 알려진 중국으로부터 유래한 불개 역시 부정적인 의미를 내포하고 있지 않다. 불개는 민담에 등장하는 개로 암흑 나라에 사는 무서운 개다. 하루는 암흑 대왕이 나라가 너무 어두워 불개로 하여금 해와 달을 훔쳐오라고 시켰다. 충성심이 강했던 불개는 해를 훔치기 위해 태양을 삼켰으나 너무 뜨거워 다시 뱉고는 다시 달을 삼켰다. 이번에는 너무 차가워 바로 뱉어냈다. 하지만 암흑 대왕의 명령이니 충성심이 강했던 불개는 계속해서 해와 달을 훔치기 위해 불을 삼켰다가 뱉어내기를 반복하고 있다. 이렇게 우리 조상들은 일식과 월식이 일어나는 이유를 개와 연관시켜 설명하고 있다.

또 우리나라의 개로 이름난 삽살개는 큰 몸과 길게 늘어트린 털이 신선 같다고 하여 신선개라고도 불렸다. 신라 시대부터 왕실과 귀족이 길렀다고 전해지는데, 김유신 장군이 군견으로 키워 싸움터에 데리고 다녔다는 이야기도 남아 있다. 왕족만 기르던 개는 신라가 망한 후 일반 백성들에게 흘러들어갔고 서민의 개로 자리잡기 시작했다. 더불어 개와 일상을 나누게 된 사람들은 민화와 민담의 단골 소재로 개를 사용했다. 하지만 일제강점기에는 길고 보온성이 높은 털을 가졌다는 이유로 수난을 겪는다. 만주사변을 일으킨 일본군이 추위를 막아줄 방한용 군수품이 필요하자 방습과 방한에 탁월한 털을 가진 삽살개가 집중 공격 대상이 될 것이다.

개가 이승과 저승을 연결해 주는 매개체라는 이미지는 동양이나 서양이 마찬가지이다. 특히 불교에서 사람이 죽으면 주로 개로 환생한다고 생각하기 때문에 이승과 저승의 매개체라는 인식은 동양에서 더욱 강하게 각인된 것 같다. 고구려의 고분벽화, 신라의 무덤에서 발견된 구운 토기에서도 이 점이 부각된다. 우리나라에서는 특히 흰 개가 이 역할을 수행하곤 했는데, 전통적으로 흰 강아지가 재난을 예방, 경고하는 능력이 있다고 믿었기 때문이다. 왜 유독 흰 개가 이승과 저승을 이어주는 역할을 하는지는 분명하지 않다.

전라북도 임실군에 세워진 오수개를 기리는 의견비

작자미상의 삽살개 그림, 국립중앙박물관 소장

개는 인간에게 헌신하는 충성과 의리의 동물이었다. 저승길에 함께 하기도, 농사의 풍년을 기원하기도, 그저 일상을 함께 보내는 친구이기도 한 개, 개만큼 인간과 가깝게 지내온 동물도 드물다.

사실 나는 '어쩌다 반려인'이다. 유럽에서 이탈리아 외교사를 공부하고 대학에서 10여 년 이상을 유럽정치만 강의했다. 개를 좋아하지도 않았다. 실은 약간은 무서워했다. 고백하자면, 가끔은 '보신'과 '영양'을 간판에 내세운 식당에 들락거리기도 했다. 경험상 이 말들은 엄청나게 과장되었거나 나처럼 허약한 사람을 미혹하는 단어일 뿐이라는 걸 잘 알고 있기에 지금도 그곳을 들락거리는 친구들을 설득 혹은 협박(?)하고 다닌다.

어쨌든 개와 나의 '인연'은 이렇게 시작되었다. 무슨 바람이 들었는지 2015년 갑자기 애견학원을 개원해버린 것이다. 먹고 살기 위해서 어쩔 수 없는 선택이었다고 스스로 위안했지만, 개에 대해서는 '개' 자도 모르는 백면서생이었으니 엄청난 시련을 겪은 것은 당연했다. 하지만 다행히 이 기간에 반려견 업계에 종사하는 많은 분들을 만날 수 있었고, 동물에 대해서 고민해볼 수 있는 기회를 얻었다. 개를 무서워했던 우리 가족도 이제는 한 이불에서 잠들고 깨는 반려인이 되었다. 딸은 애견 옷 디자이너, 아내는 애견 수제 간식 강사가 되었으니 '어쩌다 반려 가족'이 된 것이다.

상황이 이러니 이 책을 출판하면서 가장 먼저 감사할 대상은 바로 개들이어야 함이 분명하다. 그들은 나에게 엄청난 금전적 피해를 주었지만, 결국에는 이렇게 그들을 주제로 글을 쓰고 우리 집 곳간을 채울 수 있는 기회를 주었으니 말이다. 이 책은 동서양에서 우리 인간들과 개들이 어떻게 관계 맺으며 살아왔는지에 대한 일종의 문화사이다. 늘 우리 곁에 있었기에 무심히 지나쳤던 그들의 삶을 문화라는 시각에서 살펴보고자 했다. 이를 통해 개들이 우리 인간들에게 어떤 의미를 주는지 생각해 볼 수 있는 기회를 제공해주고 싶었다. 책의 내용에 대한 책임은 전적으로 저자의 몫이지만, 그 의미를 해석하고 사색해볼 수 있는 기회를 가지는 것은 독자들의 몫으로 남겨둔다.

보잘것없는 이 작은 책의 출판은 사실 많은 사람들로부터 빌린 '마음의 빚' 덕분이다. 유럽정치를 가르치다 뒤늦게 업계에 뛰어든 나로서는 감히 상상도 하지 못할 일이었다. 학원을 운영하면서 개에 관한 지식을 얻을 수 있었다고 하지만 이런 책을 낸다는 것이 여전히 두렵고 부끄럽기도 하다. 세상에는 수많은 강호제현들이 있음을 잘 알고 있기 때문이다. 자칫 잘못된 정보를 제공해 그들의 눈총을 살 수도 있을지 모른다. 그럼에도 내가 이 책을 출판하기로 용기를 낸 것은 주위의 수많은 응원 덕분이다. 사단법인 한국애견협회의 신귀철 회장님과 박애경 부회장님을 비롯해 〈한국애견신문〉의 박태근 사장님은 나의 무도한 시도를 용서하는 위험을 감수해주셨다. 애견협회 회장님은 친히 추천사를 써주셨고, 박태근 사장님은 이 책의 초안을 애견신문에 미리 게재할 수 있도록 기회를 주시기도 했다. 내가 계속해서 동물 관련 주제에 관심을 가지도록 〈동물복지의 인문학〉 강좌를 개설해준 한국외대에도 감사한다.

　마지막으로, 은행나무출판사와 내 글을 스카우트해주신 편집자님께도 감사드린다. 출판시장의 사정을 잘 알고 있기에 이들의 결정이 얼마나 고뇌에 찬 일이었는지 잘 알고 있다. 모쪼록 이 책이 '대박'이 나서 모든 이들에게 진 마음의 빚을 갚을 수 있기를 바란다.

당신이 진정한 반려인이라면 그들의 역사를 먼저 알아야 한다. 인간과 개의 역사는 어디에서부터 시작되었는가? 야생에서 기인해, 인간에게 길들여져 사냥의 파트너로, 충직한 경비원으로, 그리고 이제는 인류의 벗으로 자리 잡은 개.

《독한 세계사》는 이렇듯 인간의 문명과 함께 발전해온 반려 문화를 고대부터 현대에 이르기까지 총망라한 책이다. 그동안 한국에서 나온 개와 관련된 서적은 대다수가 개의 종류나 훈련법에 대한 내용이었다. 이것은 그동안 우리가 개를 인생의 파트너가 아닌 소유물로, 훈련의 대상으로만 보았기 때문이다.

반려 인구 천만 시대를 맞이한 지금 《독한 세계사》는 이러한 의미에서 개가 이제 우리에게 어떤 존재인지를 다시금 생각하게 하는 책이다. 인류가 자유와 문명을 위해 치열한 시간을 보내왔듯이 개들 또한 현대인에게 가장 사랑받는 반려동물이 되기까지 오랜 시간 동안 그들만의 역사를 쌓아왔다.《독한 세계사》는 그러한 개의 역사를 인간이 아닌, 개를 중심으로 들여다보고 있다. 때로는 사냥 수단으로, 때로는 운명을 결정짓는 신으로, 때로는 배척당하고 학대당한 존재로 인류의 역사를 지켜봤던 개들.

저자는 이러한 개의 역사 속에 기록된 명암을 가감 없이 보여줌으로써 독자들로 하여금 미래의 반려 문화가 나아갈 방향에 대해 이야기하고자 한다. 당신이 진정한 반려인이라면, 현대 반려 문화에 대해 관심과 고민이 많다면 꼭 한번 읽어보기를 추천한다.

사단법인 한국애견협회
회장 신귀철

독한 세계사

1판 1쇄 발행 2020년 6월 22일

지은이 · 이선필
펴낸이 · 주연선

총괄이사 · 이진희
책임편집 · 이우정
표지 및 본문 디자인 · 이다은
책임마케팅 · 강원모
마케팅 · 장병수 김진겸 이한솔 이선행
관리 · 김두만 유효정 박초희

(주)은행나무
04035 서울특별시 마포구 양화로11길 54
전화 · 02)3143-0651~3 | 팩스 · 02)3143-0654
신고번호 · 제 1997—000168호(1997. 12. 12)
www.ehbook.co.kr
ehbook@ehbook.co.kr

ISBN 979-11-90492-78-2 (03900)

• 잘못된 책은 바꿔드립니다.